Georg Wobbermin

Die innere Erfahrung als Grundlage eines moralischen Beweises

für das Dasein Gottes

Eine methodologische Studie

Georg Wobbermin

Die innere Erfahrung als Grundlage eines moralischen Beweises für das Dasein Gottes
Eine methodologische Studie

ISBN/EAN: 9783743354111

Hergestellt in Europa, USA, Kanada, Australien, Japan

Cover: Foto ©Lupo / pixelio.de

Manufactured and distributed by brebook publishing software (www.brebook.com)

Georg Wobbermin

Die innere Erfahrung als Grundlage eines moralischen Beweises für das Dasein Gottes

Die innere Erfahrung als Grundlage eines moralischen Beweises für das Dasein Gottes.

Eine methodologische Studie.

INAUGURAL-DISSERTATION
ZUR
ERLANGUNG DER DOCTORWÜRDE
VON DER
PHILOSOPHISCHEN FACULTÄT
DER
FRIEDRICH-WILHELMS-UNIVERSITÄT ZU BERLIN
GENEHMIGT UND
NEBST DEN BEIGEFÜGTEN THESEN
ÖFFENTLICH ZU VERTEIDIGEN

AM 13. AUGUST 1894
VON
Georg Wobbermin
aus Stettin.

OPPONENTEN:

F. Augar, cand. pro lic. conc.
C. Schmidt, Dr. phil.
E. Tausch, Dr. phil., cand. rev. min.

BERLIN.
C. VOGTS BUCHDRUCKEREI (E. EBERING).
Linkstrasse 16.

Seinen lieben Eltern

der Verfasser.

Beweis für das Dasein Gottes! Welch stolzes Wort, welch gewaltige Aufgabe! Und doch: bedarf nicht der Mensch in irgend einer Form einer Vergewisserung über das eigentliche Objekt seines Glaubens? Zwar verneint man heute vielfach diese Frage; Religion, sagt man, sei eine Sache der **subjektiven Persönlichkeit**; für den, der sich einmal auf diesen Standpunkt stellt, sei sie notwendig und bestehe sie zu Recht; abgesehen davon aber könne man nicht direkt widerlegen, dass sie nicht vielmehr nur in der Einbildung einer energischen Subjektivität wurzele[1]. Indess wir meinen, diese Auffassung sei **unhaltbar** und würde der religiösen Weltanschauung auf die Dauer selbst den Todesstoss versetzen. Der Mensch ist schliesslich doch nur einer und wird mindestens nur sehr selten an einem Glauben festhalten, dessen Recht er sich nicht durch wissenschaftliche Betrachtung — dies Wort im weitesten Sinne — klarmachen kann, wie dies Hartmann, wenn auch in wenig geschmackvollem Bilde, ausführt und durch einen Verweis auf die **Geschichte** begründet[2]. Zu dem letzteren hätte er — leider — auch die eigene Gegenwart hinzufügen können. — Die Bedeutung der Sache aber wird noch durch folgende Betrachtung ins Licht gestellt werden.

Für das menschliche Bewusstsein auf der ersten Stufe des Erkennens und Denkens, der Stufe **mythischen**

---

[1] Herrmann, Die Religion im Verhältnis zum Welterkennen und zur Sittlichkeit, passim cf. p. 156. 272.
[2] E. v. Hartmann. Religionsphilosophie, p. 7 ff.; vgl. auch Kaftan, Das Wesen der christlichen Religion p. 214.

Vorstellens, war die religiöse Weltanschauung unmittelbar als einleuchtend und selbstverständlich gegeben. Dann aber trat die Philosophie auf, kritisierte die mythischen Vorstellungen und wollte nur gelten lassen, was das Denken als richtig erweisen könnte. Es trat aber diese Philosophie zunächst auf in der Gestalt der Metaphysik, d. h. in einer Form, die voraussetzte, dass sie den inneren Zusammenhang, die letzten Gründe der gesamten Wirklichkeit erkennen könne. Da hatte es die religiöse Weltanschauung noch gut. Das Denken musste vom Bewegten zu einem Beweger, vom Bedingten zum Unbedingten, vom Kosmos zu einem höchsten Ordner zurückgehen. So erwies die Wissenschaft, was der Glaube nötig hatte.

Nun aber hat Kant, „der alles zermalmende", die strenge Erkenntnis auf die Gegenstände möglicher Erfahrung zurückgewiesen. Seitdem ist Metaphysik als Wissenschaft unmöglich.

Indem wir diesem Grundsatz mit vollster Ueberzeugung beitreten, sind wir doch der Ansicht, dass das Recht der religiösen Weltanschauung, d. h. des Glaubens an eine überweltliche Macht, eine Gottheit, wissenschaftlich zu erweisen sei. Nicht freilich aus dem Naturzusammenhang: Metaphysik als Wissenschaft ist unmöglich. Aber wie es eine Wissenschaft von der äusseren Natur giebt, so giebt es auch eine Geisteswissenschaft, eine Wissenschaft, deren Gebiet die innere Erfahrung des Menschen ist. Wir leben im Zeitalter der exakten Wissenschaften, und wir können froh darüber sein; aber man verkennt nur gar zu oft, dass das Studium der inneren Erfahrung eine exakte Wissenschaft darstellt, die existenzberechtigt ist, wie nur eine.[1]

Auf dem Boden dieser Erfahrungswissenschaft nun, meinen wir, könne ein Beweis für die Berechtigung des religiösen Gottesglaubens geliefert werden; da für diesen Beweis letztlich die Thatsachen des sittlichen Lebens ausschlaggebend sein werden, nennen

---

[1] vgl. Dilthey, Einleitg. in die Geisteswissenschaften, passim.

wir ihn einen „moralischen Beweis für das Dasein Gottes."

Damit erwüchse uns eigentlich die Aufgabe, unserer Arbeit eine geschichtliche Grundlage zu geben. Es ist ja nichts Neues, einen moralischen Beweis für das Dasein Gottes liefern zu wollen; die Geschichte kennt mehrere solcher Versuche. Der berühmteste Vertreter eines moralischen Beweises für das Dasein Gottes ist Kant; neben ihm käme aus der neueren Zeit vorzüglich Ritschl in Betracht. Doch übergehen wir hier eine eingehende kritische Besprechung ihrer Aufstellungen und bemerken nur, dass wir selbst für unseren Zweck Elemente zu Hilfe nehmen werden, die teils bei Kant, teils bei Ritschl angedeutet, aber nicht verwertet sind. In Sonderheit verweisen wir vorab auf den Satz Ritschls „Wenn die Bethätigung des moralischen Willens eine Realität ist, so ist auch die praktische Vernunft ein Zweig des theoretischen Erkennens. Diese beiden Sätze hat Kant nicht erreicht."[1] Uns dünkt, dass diese Worte auch über das hinausführen, was Ritschl erreichen zu können gemeint hat.

Um aber nun volle Klarheit über unsere Absicht herbeizuführen, sind wir genötigt, wenigstens in kurzen Zügen einen Abriss unsrer erkenntnistheoretischen Ansichten hier hinzustellen. Und da ist es vielleicht von Vorteil, wenn wir an die Spitze dieser Untersuchung den Satz stellen, dass in gewissem Sinne alle unsere Erfahrung eine innere ist, eine innere nämlich insofern, als wir als Gegensatz dazu jene naive und reflexionslose Anschauung im Auge haben, die wir alle täglich und stündlich üben, für die es selbstverständlich ist, dass der Mensch umgeben ist von einer Aussenwelt, die er wahrnimmt ganz so, wie sie ist. Dass nun diese Betrachtungsweise, dieser Standpunkt, so natürlich er zu sein scheint, nicht zu-

---

[1] In der 2. und 3. Aufl. der Rechtfertigung und Versöhnung (III^3 p. 211), in der ersten noch nicht so bestimmt formuliert.

treffend und haltbar ist, hat die Wissenschaft unwiderleglich dargethan. Sind doch zunächst schon unsere Empfindungen abhängig von der Beschaffenheit unserer Sinnesorgane, sowie der unseres Nervensystems; sodann aber — und das ist noch wichtiger — von der Art, wie sie vom Geiste gedeutet werden. Denn wir sind's doch, die die Dinge so oder so nennen, denen sie so oder so erscheinen, — aber abgesehen von dieser unserer Auffassung und Deutung sind sie da auch so, und was die Hauptsache ist, sind sie da überhaupt? Die erstere Frage kann uns hier nicht beschäftigen, über die zweite, die nach der Realität der Aussenwelt, müssen wir kurz unsere Ansicht darlegen.

Besinnen wir uns so auf das was wir eigentlich wissen können, so muss uns alsbald klar werden, dass der feste aber einzige Punkt, auf den wir dabei zurück- und von dem wir ausgehen müssen, unser Selbstbewusstsein ist. Dies bildet das sichere Fundament für jede Erfahrungstheorie. Sofort aber merken wir weiter, dass uns alle Erfahrung, die im Selbstbewusstsein gegeben ist, zwiefacher Natur erscheint; wir haben ein Bewusstsein von mannigfachen Gefühlserregungen, von Strebungen und Wollungen, die wiederum von jenen begleitet sind, wir haben zum andern ein Bewusstsein von Gegenständen, von Dingen ausser uns; kurz unser Selbstbewusstsein teilt sich in das einer Innen- und das einer Aussenwelt, oder vielleicht richtiger gesagt, ein bestimmter, verhältnismässig nur kleiner Teil unserer Bewusstseinsinhalte tritt mit dem Anspruch auf, Bilder von Dingen ausser uns darzustellen. Wir finden also, dass diese Aussenwelt zunächst nur Inhalt unseres Bewusstseins ist. Aber doch ist eben dieser Bewusstseinsinhalt ein specifisch verschiedener von jenem anderen, er ist verbunden mit der unmittelbaren Gewissheit, dass eine Natur, eine Materie existiert ausserhalb unseres Bewusstseins. Ist also dieser Anspruch unseres Gegenstandsbewusstseins — um diesen terminus hier einzuführen im Unterschied zu dem Zustandsbewusstsein — ein berechtigter? Da wir aber bereits — nur als hier nicht weiter ausführbar — zugegeben haben, dass jedenfalls von einer notwendigen Kongruenz unseres Erkennens und der Beschaffenheit der

Dinge abzusehen ist, so verwandelt sich die Frage damit in die andere, ob wenigstens etwas ausserhalb unseres Bewusstseins angenommen werden müsse, was eben dieses Bewusstsein einer Aussenwelt veranlasst. Schon Locke hat darauf aufmerksam gemacht, wie doch die Unwillkürlichkeit unserer Empfindungen durchaus darauf hinweise, dass wirklich etwas da sei, was sie erst jedesmal hervorbringe, dass wir doch auch sehr wohl zu unterscheiden verständen zwischen wirklichen Empfindungen und der blossen Einbildung im Traume oder dem Spiel der Phantasie,[1] und dass unsere Sinne sich gegenseitig in ihrem Zeugnis unterstützten[2]. Man hat ferner mit Recht gesagt, dass sich aus der blossen Bedingung des Subjekts mit seinem gesetzmässigen Anschauen und Denken schlechterdings nicht die Art erklären lasse, wie ihm eine irreguläre Mannigfaltigkeit von Empfindungen gegeben ist[3]. Es kommt hinzu, dass, soweit wir sehen können, unser eigenes Selbstbewusstsein sich nur entwickelt im Zusammenhang und im Gegensatz zum Objektsbewusstsein[4]. Wir sind wollende Wesen, aber wollend stossen wir auf Widerstand; so ist das Aussen für uns immer zugleich mit dem eigenen Bewusstsein da.

Damit ist die Berechtigung, an der Realität der Aussenwelt zu zweifeln, widerlegt. Immerhin, meinen wir, müsse man allerdings die einfache Denkmöglichkeit jener Anschauungsweise eines überspannten Idealismus oder Phänomenalismus zugestehen. Aber was ist nicht alles für den reflektierenden Verstand denkmöglich? Oder schliesst auch dies das Denkgesetz vom zureichenden Grunde aus, d. h. also ist es notwendig neben der Gesetzmässigkeit des Geistes das Ding an sich hinzuzudenken, um die irreguläre Mannigfaltigkeit der gegebenen Erscheinungswelt zu erklären? Wir glauben offen „nein" sagen zu müssen; abstrakt

---

[1]) vgl. hierzu auch E. Zeller, Vorträge und Abhandlungen III 259.
[2]) Locke, B. IV Ch. 11 § 4, 7 nach Riehl, Philosophischer Kriticismus I 32 ff.
[3]) Dilthey, Leben Schleiermachers, p. 106.
[4]) Riehl, a. a. O. II_1p. 65ff.

denkbar wäre es auch, dass dem Geiste, dem Bewusstsein in prästabilierter Harmonie immanente Bedingungen so geordnet wären, dass ihm nun so, wie es thatsächlich geschieht, die Gegenstandserscheinungen kommen; abstrakt denkbar, sagen wir, aber im höchsten Masse unwahrscheinlich[1]. Vielmehr ist für uns Menschen, wie wir sind, die Aussenwelt da. Mehr freilich können wir nicht sagen, aber mehr haben wir auch nicht nötig. Die einzelnen Elemente aber, in denen uns diese Aussenwelt gegeben ist, sind die Vorstellungen, und als deren einfachste Elemente die Empfindungen, die, mit Hilfe der Sinnesorgane aufgenommen, zur Einheit des Bewusstseins appercipiert werden.
Sie also bilden die eine Seite unseres Bewusstseins. Auf der andern finden wir, wie schon angedeutet, das Hin- und Hergewoge eines Trieb- und Gefühls-Lebens. Dies ist die im engeren und eigentlichen Sinne innere Erfahrung. Und nun wird es doch mit Bezug auf diese von gewissem Vorteil sein, dass wir oben zugestanden haben, es lasse sich wenn auch nur einer vom eigentlichen menschlichen Bewusstsein abstrahierenden Reflexion nicht streitig machen, dass die Denkmöglichkeit bestehe, die Aussenwelt existiere nicht abgesehen von unseren Empfindungen, ausserhalb unseres Bewusstseins. Denn auf unsere eigene innere Erfahrung kann sich dieser idealistische Skeptizismus nicht erstrecken, oder aber er offenbart sich in seiner ganzen Haltlosigkeit. Unserer inneren Erfahrung sind wir uns unmittelbar gewiss; wollte man hier wieder sagen, ja aber auch nur wir sind uns derselben — also unseres Bewusstseins überhaupt — gewiss, ob aber dies Bewusstsein, diese Vorstellungen, diese Trieb- und Gefühlserregungen abgesehen von unserem Bewusstsein existieren, ist doch nicht zu behaupten — so ist das einfach Widersinn. Freilich ist es nicht zu behaupten: aber um uns, um uns denkende, fühlende, wollende Wesen allein handelt es sich. Die Voraussetzung, dass wir da sind, machen wir allerdings. Dass also bei all' unserem Nachdenken ein Zirkel besteht, ist ja durchaus zuzugeben, aber daraus

---

[1] vgl. Schuppe, Erkenntnistheoretische Logik, p. 38, 39.

Kapital schlagen zu wollen für einen alles in Frage stellenden Skeptizismus, ist mindestens völlig nutzlos. Von unserem Bewusstsein also gehen wir aus, und so nehmen wir den alten Satz des Cartesius auf: „cogito sum", nur dass wir cogito nicht im engeren Sinne = denken, Denkthätigkeit ausüben, sondern im weiteren = Bewusstsein haben, nehmen: ich habe Bewusstsein, so existiere ich, d. h. ich ein Bewusstsein habendes, ein vorstellendes und fühlendes Wesen. Dass also Gefühlserregungen existieren, das ist gewiss; es ist ebenso gewiss als dass Vorstellungen existieren und hat also einen höheren Grad von Gewissheit, als die wenn auch nur von einem durchaus zu verurteilenden Standpunkte aus immerhin zu bezweifelnde Realität der Aussenwelt.

Wir schreiten voran zur Analyse der inneren Erfahrung. Sofort aber tritt uns ein gewichtiger Einwand entgegen. Der Positivismus, A. Comte an der Spitze, bestreitet uns das Recht, dass wir uns auf die Gewissheit der inneren Erfahrung berufen dürften. Es soll sophistisch (sophisme fondamental) sein, überhaupt von innerer Erfahrung neben der äusseren, als einer Erkenntnisquelle, reden zu wollen; dies sei eine reine Illusion! Denn, heisst es, wieviel auch immer der menschliche Geist betrachten kann, sich selbst jedenfalls kann er nicht betrachten. Müsste er doch zu diesem Zwecke sich selbst sich selbst gegenüberstellen, müsste doch das Ich, das Bewusstsein, sich selbst zum Objekt machen: aber wie könne ein und dasselbe Subjekt und Objekt, Betrachtendes und Betrachtetes zugleich sein?[1]

Wir zaudern einen Augenblick, aber auch nicht länger. Wir prüfen den Einwand an einem Beispiel. Ich habe ein Unlustgefühl, etwa infolge drückender

---

[1] A. Comte, Cours de philosophie positive, 4e éd. Paris 77; I 31: il est sensible, en effet, que par une nécessité invincible l'esprit humain peut observer directement tous les phénomènes, excepté les siens propres. p. 32: l'individu pensant ne saurait se partager en deux, dont l'un raisonnerait, tandis que l'autre regarderait raisonner. L'organe observé et l'organe observateur étant, dans ce cas, identiques, comment l'observation pourrait-elle avoir lieu?

Hitze. Was vorliegt, ist allein dies: in meinem Bewusstsein existiert ein solches Gefühl; ich kann nicht daran zweifeln, denn es ist eben da, ich müsste sonst an mir selbst zweifeln. Aber muss ich nun dies Gefühl, diesen Bewusstseinszustand wirklich zu meinem Objekt machen? Wem soll ich ihn eigentlich gegenüberstellen, wem ihn zum Objekt machen? Abgesehen von den einzelnen Bewusstseinsinhalten wissen wir ja nichts von einem Bewusstsein. Ein Ich als starren Einheitspunkt kennen wir nicht. Nein, wir machen uns wirklich jenes Unlustgefühl gar nicht zum Objekt: wir werden uns desselben bewusst, d. h. eben, es ist in unserem Bewusstsein da, es ist eine Thatsache unseres Bewusstseins, wir erleben es. Der Einwand des Positivismus beruht also auf einer falschen Voraussetzung, auf einer unrichtigen Analyse.

Es fragt sich jetzt zunächst, in welchem Verhältnis steht das Zustandsbewusstsein zu dem Vorstellungsbewusstsein? Die Antwort einer genauen Selbstbeobachtung muss zweifellos lauten: beide stehen in engem und stetigem Zusammenhang. Wir haben keine Vorstellungen, ohne zugleich von mehr oder weniger zum Bewusstsein kommenden Gefühlserregungen bewegt zu werden; und wir sind uns keines Gefühlszustandes bewusst, ohne dass in diesem unseren Bewusstsein auch mehr oder weniger deutliche Vorstellungen aufleuchten. Unser Bewusstsein ist eben ein einheitliches und zusammenhängendes: eine scharfe Scheidung zwischen jenen beiden Sphären kann nur die wissenschaftliche Reflexion der theoretischen Uebersicht wegen herstellen[1].

So werden wir von selbst auf die Frage gedrängt, ob es denn nicht überhaupt unzulässig ist, von einem doppelten Bewusstseinsinhalt auszugehen, ob es nicht vielleicht richtiger sei, hier eine monistische Ansicht durchzuführen und alle Bewusstseinsinhalte aus einem Grundphänomen zu erklären. Dieser Gedanke ist in der Geschichte der neueren Philosophie vor allem von Herbart aufgenommen und von ihm zu Gunsten der

---

[1] vgl. Wundt, System der Philosophie p. 40.

Vorstellungen durchgeführt worden. Dem aber müssen wir entschieden widersprechen: es streitet diese Aufstellung einfach gegen alle Thatsachen des wirklichen Bewusstseins. Und so können wir zunächst den Satz hinstellen, dass bei der Analyse des uns heute in der Menschheit vorliegenden Bewusstseins überall bereits zusammengesetzte Erscheinungen begegnen, dass wir überall in den zu Tage tretenden Bewusstseinskomplexen nachträglich in der Reflexion scheiden können mindestens zwischen zwei Bestandteilen, dem eines inneren triebartigen Gefühls und dem eines in Vorstellungen verlaufenden Bewusstseins. Dass aber, wie Herbart behauptete, die Gefühls- und Willensregungen nur sekundäre Vorstellungen seien, jene das Bewusstwerden des Verhältnisses der verschiedenen Vorstellungen zu einander, wie sie sich gegenseitig anziehen oder hemmen, diese das Bewusstsein vom Aufstreben der Vorstellungen, das widerspricht teils den Erfahrungen unseres Bewusstseins, teils wird damit das ursprüngliche Problem unaufgelöst und nur in besonderer Einkleidung zurückgegeben. Denn, gesetzt auch, es seien nur Vorstellungen, die aufstrebten, gerade dies Aufstreben ist ja etwas ganz eigenartiges. Vielmehr also heisst es offen bekennen, dass wir hier am Ende unseres Wissens sind. Alle Wissenschaft läuft schliesslich auf das Konstatieren von Thatsachen hinaus. Und so konstatieren wir auch hier, dass Gefühlsregungen und Willensspannungen einerseits, Vorstellungsverläufe andererseits die Grundthatsachen unseres Bewusstseins sind, die wir schlechterdings nicht weiter erklären oder ableiten können.

Eine ganz andere Frage ist die, ob — zumal wenn wir uns auf den Standpunkt der Descendenztheorie stellen, — es wahrscheinlich ist, dass alle psychischen Vorgänge sich aus einem Grundphänomen entwickelt haben. Für jenen Standpunkt wird es von vornherein feststehen müssen, dass letzteres sich thatsächlich so verhält. Auch liefert ja die naturwissenschaftliche Beobachtung hierfür manche Belege. Es ist wohl im höchsten Masse unwahrscheinlich, dass die Amöbe, die im Wasserglase auf einen Lichtreiz reagiert, von diesem etwas anderes als eine einfache und einheitliche Bewusstseinsempfindung hat, die aber, (um in Betreff des eben gebrauchten Ausdrucks kein Missverständnis entstehen zu lassen) dem, was wir Zustandsbewusstsein genannt haben, viel näher kommt als dem Vorstellungsbewusstsein. Und dasselbe wird auch von den ascidienförmigen Seetieren, auf die wenigstens Darwin die Reihe der Wirbeltiere zurückführen will, gelten müssen. Es erhellt also sofort — und das ist immerhin von Wichtigkeit — dass, angenommen einmal die Descendenztheorie bestehe zu Recht, worüber zu entscheiden uns hier nicht zukommt, sodann der Ausgangspunkt des psychischen Lebens im Gefühlsoder besser im Triebleben gesucht werden müsste. — Bereits aber drängt sich uns durch den Verlauf der Untersuchung eine weitere Frage auf. Wir haben bisher, wenn auch in unbestimmter Form, von zwei Gebieten des Bewusstseins gesprochen. Müssen wir aber nicht vielmehr eine Dreiteilung eintreten lassen und zu den Vorstellungen und Gefühlen die Willensakte als etwas Besonderes hinzunehmen? Bestreiten möchten wir zunächst, dass, wenn wir dies thäten, dann mit demselben Recht andere Erscheinungen, wie die Begierde u. s. w. daneben gestellt werden könnten[1]. Wir meinen vielmehr, dass in der That für das Bewusstsein das Wollen noch sehr leicht als etwas Drittes und Besonderes erscheint; trotzdem sind auch wir der Ansicht, dass für eine genaue Reflexion diese Sonderung sich nicht aufrecht erhalten lässt. Es ergiebt sich nämlich, dass im Unterschiede zu den beiden anderen Bewusstseinssphären diese Dritte die einzige wäre, die nur je und dann hervorträte, während Gefühle und Vorstellungen im Bewusstsein stets gegenwärtig sind. Auch kommen doch die Willensakte als ein dem Zustandsbewusstsein d. h. dem Gefühl ganz nahe verwandtes Phänomen zum Bewusstsein, das sich vor allen Dingen in seinen schwächeren Aeusserungen kaum vom Gefühl unterscheiden lässt[2]. Es scheint uns daher richtiger zu sein, beide zusammenzufassen und von inneren Spannungen zu reden,

---

[1] Kaftan, Wesen der christlichen Religion, [2] p. 39.
[2] Wundt, System der Philosophie p. 42.

die im Gefühl, durch oder zusammen mit einem Gefühl zum Bewusstsein gelangen, aber nur bisweilen dazu antreiben, ihnen äusserlich Bethätigung zu verleihen. Und in diesem Sinne als innere Spannungen sind ja dann freilich auch die Willensakte immer gegenwärtig, ja noch mehr, sie bilden die eigentlichsten, die konstitutiven Grundphänomene des menschlichen Lebens. Nur dass sie eben mit den Gefühlen noch in viel unmittelbarerer Verknüpfung und Verbindung stehen, als diese beiden zusammengenommen dann mit den Vorstellungen. „So sind", sagt Wundt, „Fühlen und Wollen nicht sowohl als verschiedene Vorgänge, denn vielmehr als verschiedene Entwicklungsstufen (wir würden lieber sagen als verschiedene Seiten) eines und desselben inneren Geschehens zu denken".[1] Wir sprechen daher von dem Gefühlston, von dem Wertgefühl einer inneren Spannung. — Wir machen noch ausdrücklich darauf aufmerksam, dass wir unter diesen inneren Spannungen Bewusstseinsvorgänge, bewusste Zustände verstanden wissen wollten.

Wieder liegt in dem nunmehr erlangten Resultat unmittelbar der Antrieb zu einem weiteren Schritt. Zuvor heben wir nur noch einmal besonders hervor, was oben schon gelegentlich angedeutet wurde, dass Vorstellungen sowohl wie Gefühlsspannungen niemals gänzlich aus dem (wachen und normalen) Bewusstsein schwinden. Beide sind folglich immer zu gleicher und zu jeder Zeit gegeben. Es entsteht daher die Frage, ob nicht das Verhältnis, in dem beiderlei Bewusstseinserscheinungen zu einander stehen, genauer aufgezeigt werden kann. Näher charakterisiert ist diese Untersuchung, in die wir damit eintreten, die über den Primat eines der genannten Gebiete im Bewusstsein. Wir sehen dabei ab von dem, was wir in Betreff dieser Frage für den Standpunkt der Descendenztheorie bereits bemerkt haben, und beschränken uns auf das uns vorliegende Bewusstsein. Wir müssen aber zum Zweck unserer Untersuchung zunächst im Gebiet der Vorstellungen eine Zweiteilung eintreten

---

[1] Wundt, System der Philosophie, p. 43; Grundzüge der physiol. Psychologie. 2. Aufl. II p. 384.

lassen. Einmal werden uns fortwährend vermittelst der Sinnesorgane von der Aussenwelt her Vorstellungen, oder zunächst deren einfachste Elemente, Empfindungen, übermittelt, sodann aber steigen in unserem eigenen Bewusstsein fortwährend Vorstellungen auf. Unser Bewusstsein ist nämlich zu vergleichen einer grossen und tiefen hin und her wogenden Wasserflut, von der immer nur die Spitzen der obersten Wellenberge wirklich bewusst werden, oder, wie Riehl sagt, einem aus weiter Ferne gesehenen Lande, von dem nur einzelne Gipfel sichtbar werden.[1] Was nun jene ersten und unmittelbar gegebenen Empfindungen betrifft, so ist durch die seit Weber hauptsächlich von diesem, Fechner, E. Müller, Wundt und Ebbinghaus geführten Untersuchungen, ohne dass wir uns in die Einzelheiten und noch strittigen Punkte irgendwie einlassen könnten, jedenfalls soviel festgestellt, dass die Stärke des Eindrucks zu der Intensität der Empfindung in einem wenn auch nicht direkten Verhältnis steht.[2] Unser Bewusstsein also richtet sich jedesmal (vorausgesetzt dabei in abstracto, dass innere Bedingungen nicht einwirken) auf den stärksten Eindruck, d. h. da uns die Intensität der Empfindung des Eindrucks zunächst nur als Intensität des sie begleitenden Gefühls gegeben ist, das Auftreten dieser Empfindung, das sie ins Bewusstsein gelangen lassen, hängt ab von der Stärke dieses Gefühls.[3] Noch viel wichtiger aber ist die Untersuchung des Verhältnisses auf der anderen Seite, denn erst, wenn so zu sagen eine grosse Masse (unbewussten) Bewusstseins aufgehäuft ist, so dass alle neu hinzutretenden Elemente zu schon vorhandenen appercipiert werden können, ist das geistige Leben auf einer höheren Stufe angelangt. Und hier ist es nun eine nicht zu leugnende Thatsache, dass das Hervortreten der Vorstellungen von den jeweilig dominierenden inneren Spannungen oder Gefühlen abhängt. Es ist bekannt, wie sehr das Interesse an einem

---

[1] Riehl, Philos. Kriticism. II$_2$ p. 160.
[2] vgl. Wundt, Grundz. d. phys. Psych. I^2 322—364 = 4. Aufl. 358—410.
[3] vgl. Wundt a. a. O. I^2 467.

Gegenstande die Erlernung und Beherrschung desselben erleichtert. „Die Aufmerksamkeit ist eine Vorbedingung des Denkens."[1] „Alle Verbindung der Vorstellungen ist abhängig von der Apperception" (d. h. nach Wundts eigentümlicher Terminologie der bewussten Willensregung).[2] Bedenken wir, dass das Erinnerungsleben den Hauptteil des ganzen bewussten Lebens ausmacht, dass es von der eminentesten Bedeutung ist, da es die Vorbedingung ist für die gesamte geschichtliche Entwicklung, und besinnen wir uns dann, was diese Erinnerung eigentlich sei: etwa ein zufälliges Hervortreten bestimmter Vorstellungsreihen? doch in den seltensten Fällen. Vielmehr liegt meist ein wirkliches „sich wieder erinnern", „eine Erinnerung hervorbringen", eine aus innerem Antrieb erregte Neubildung oder Neubelebung derselben Vorstellungsassociationen vor. So viel Richtiges auch die Theorie der Vorstellungsassociationen geleistet hat, doch hat sie zu vielen Missverständnissen Anlass gegeben. Was heisst es denn, eine Vorstellung trete auf in Anlehnung an, in Verknüpfung mit einer anderen? Gerade in diesem „auftreten" liegt ja das Problem. — Unzweifelhaft ferner ruft bei niederen Völkern das Interesse am Leben geistige, d. h. in Vorstellungsverläufen vor sich gehende Arbeit hervor.[3] Dies Interesse aber ist, wenigstens ursprünglich und auch stets hauptsächlich, eine innere Spannung, ein Gefühl, ein Wille. Nun aber sehen wir, — womit wir freilich vorgreifen — dass andere die Menschen unmittelbar bestimmende Gefühlsregungen vorhanden sind, wir nennen nur die moralischen, die religiösen, den Trieb nach Wahrheit, und nun sind es diese, welche seine Vorstellungsverläufe bedingen. Der letzte zumal hat unsere Wissenschaft auf eine Staunen erregende Höhe gebracht. Wir müssen also nach alledem den Primat

---

[1] Wundt, System der Philos. p. 43.
[2] Wundt, Grundz. d. phys. Psych. 4. Aufl. II 564; vgl. 266 ff.; Logik II 511 f.
[3] vgl. z. B. das Urteil von Waitz über die Trägheit der Sklaven; Anthropologie der Naturvölker. II 207 f., dazu 276 ff.

im menschlichen Bewusstsein dem Gefühls- oder Willensleben, der inneren Erfahrung im Gegensatz zum Vorstellungsbewusstsein zusprechen. Das eigentliche Wesen des Menschen ist, um mit Schopenhauer zu reden, der Wille. Es ist, wie Windelband sagt: „In dem Turniere des Seelenlebens sind die Vorstellungen nur die Masken, hinter denen sich die wahren Streiter, die Gefühle, vor dem Auge des Bewusstseins verbergen.[1]

Wir haben nunmehr bei der inneren Erfahrung allein zu verweilen. Noch aber erheben sich vorab zwei Einwände. Die innere Erfahrung ist es, auf die wir uns stützen wollen. Wie ist uns diese gegeben? In der Zeit, unzweifelhaft; als zeitlich verlaufende Willens- und Gefühlserregungen. Es erhellt, dass es für uns von grösster Bedeutung ist, ob wir uns gezwungen sehen, der von Kant aufgestellten Lehre von der ausschliessenden Subjektivität der Zeit beizutreten oder nicht.

Bekanntlich hat Kant die angeführte Lehre zusammen mit der von der Subjektivität des Raumes gegeben, und zwar in der transscendentalen Aesthetik; Kant schickt die letztere jener beiden voraus und lässt die andere, mit der wir es hier allein zu thun haben, folgen. Schon dies ist nicht richtig, da das Bewusstsein des Raumes erst von dem der Zeit abge-

---

[1] Windelband, Präludien p. 192. Mit Aufnahme dieses Citates wollen wir aber keineswegs der im Anschluss daran von Windelband in Anlehnung an Göring ausgeführten Theorie von dem an sich unbewussten Willen, von dem wir allein durch die Gefühle etwas erfühlen, beitreten. Vielmehr haben wir oben unsere Meinung darüber ausgesprochen, dass nämlich Gefühl und Wille nur die zwei verschiedenen Seiten eines Vorgangs seien, der Wille das Bewusstsein der Intensität, des Thätigkeitstriebes, das Gefühl das Bewusstsein der Qualität jenes. Es giebt doch keine innere Spannung — denn diese ist allerdings die Hauptsache — ohne einen bestimmten Gefühlston. vgl. Wundt, Grundz. d. phys. Psych. 2. Aufl. II 385; 3. Aufl. II 466; System p. 42; 566.

leitet ist, wie das schon aus dem folgt, was Kant selbst in der transscendentalen Deduktion der reinen Verstandesbegriffe sagt: „Wir können uns keine Linie denken, ohne sie in Gedanken zu ziehen, keinen Zirkel denken, ohne ihn zu beschreiben, die drei Abmessungen des Raumes gar nicht vorstellen, ohne aus demselben Punkte drei Linien senkrecht auf einander zu setzen."[1] Doch beschränken wir uns auf die Erörterung der Zeit. Und ein Doppeltes werden wir Kant hier allerdings zunächst zugeben müssen: einmal nämlich, dass die Zeit insofern a priori ist, als es neben den realen Zeitabläufen eines einheitlichen Bewusstseins oder, wie Kant sagt, „einer synthetischen Einheit der Apperception" bedarf, damit Zeitbewusstsein und damit für uns überhaupt Zeit entstehe. In den Gesetzen, durch die überhaupt ein Bewusstsein möglich ist, muss auch diese Funktion als eine notwendig sich vollziehende begründet sein[2]. Und insofern müssen wir auch Trendelenburg Recht geben, wenn er behauptet, dass aus solcher Apriorität noch nicht folge, dass die Zeit nicht auch etwas Objektives sein könne: denn es bestehe doch die Möglichkeit, dass sie subjektiv und objektiv zugleich sein könne[3]. Freilich ist damit ihre objektive Existenz nicht erwiesen, das hat Trendelenburg überhaupt unterlassen. — Das andere aber, was wir Kant zugeben müssen, ist dies, dass die mathematische Vorstellung der Zeit (und des Raumes), wie sie sich ausprägt in den Beziehungen der Stetigkeit und Unendlichkeit etwas Subjektives sei, „das nicht für sich besteht oder den Dingen als objektive Bestimmung anhängt." Aber hier liegt nun auch gerade der Fehler Kants: er hat nicht klar geschieden zwischen dem was uns unmittelbar als Zeit, als Zeitform, Zeitverlauf oder Zeitverhältnis gegeben ist, nämlich dem Nacheinander, dem in-Succession-Verlaufen, und dem Begriff, den zur

---

[1] Krit. d. r. V. Transcendent. Elementarl. II. Teil. I. Abt. I. Buch, 2. Hauptst. 2. Absch. § 24. — zur Sache vgl. Richl, Philos. Kriticism. II$_1$ p. 159.
[2] vgl. Siegwart, Logik II p. 78 ff.; Dilthey, Leben Schleiermacher's p. 94.
[3] Trendelenburg, Historische Beiträge III 216. 225.

Erklärung dieser Erfahrung unser Nachdenken, unsere abstrakte Reflexion bildet[1]. Denn, wenn wir nunmehr die von Kant vorgebrachten Gründe prüfen, so werden wir sehen, dass es sich bei ihm hauptsächlich um die mathematische Zeit handelt, die Zeit wie sie unsere Reflexion sich vorstellt, als anfang- und endlose.

Fünf solcher Gründe führt Kant an. Unter 1) behauptet er, „das Zugleichsein oder Aufeinanderfolgen würde nicht in die Wahrnehmung kommen, wenn die Vorstellung der Zeit nicht a priori zu Grunde läge." In diesem Ausdruck „zu Grunde liegen" zeigt sich offenbar, dass Kant hier sofort die eigentliche Apriorität in ausschliessende Subjektivität umsetzen will. So unzweifelhaft richtig aber die erstere ist, so entbehrt die zweite jeder Begründung: vor allem bei Kant selbst. Es kommt hinzu, dass für Kant hier schon die Zeit, die zu Grunde liegen soll (scil. als Form der Anschauung), die absolute, die mathematische ist.

Weiter führt Kant 2) an, man könne in Anschung der Erscheinungen überhaupt die Zeit selbst nicht aufheben, ob man zwar ganz wohl die Erscheinungen aus der Zeit wegnehmen kann. Nun ist aber der Grund dafür, dass wir von der Zeit, d. h. (für uns) vom zeitlichen Verlauf, von der Succession, nicht absehen können, der, dass uns letztere auch in den Erfahrungen des eigenen Innenlebens gegeben ist; wir müssten von diesem, d. h. von uns selbst abstrahieren, wollten wir von der Zeit absehen. Dass man aber „ganz wohl die Erscheinungen aus der Zeit wegnehmen könne", ist schlechterdings unrichtig. Wir können uns abschliessen gegen alle äusseren Eindrücke und die inneren auch nach Möglichkeit unterdrücken, aber doch bleiben immer gerade die für das Bewusstsein zurück, durch die allein auch eine Zeitabfolge immer noch da ist, und wäre es etwa nur der Pulsschlag oder die Atembewegung, die uns merklich sind, noch kurz bevor wir einschlafen.

---

[1] vgl. Riehl, a. a. O. II$_1$ p. 89 ff.

Der 3. Beweisgrund schliesst so: Die Grundsätze von den Verhältnissen der Zeit können nicht aus der Erfahrung gezogen sein, da ihnen dann keine apodiktische Gewissheit zukäme. Dies bei Kant häufig wiederkehrende Beweisverfahren beruht augenscheinlich auf einer puren petitio principii: auch die allgemeingültige Erfahrung liefert allgemeingültige Grundsätze. Der 4. und 5. Beweisgrund bei Kant gründen sich dann ganz auf die mathematische Zeit.

Wir haben nunmehr unsrerseits positiv anzugeben, welche Bewandnis es mit dem Bewusstsein des Zeitverlaufs, der empirischen Zeitverhältnisse, habe, denn auf diese allein kommt es uns für unseren Zweck an. Nun wird unserem Bewusstsein die zeitliche Bestimmung gegeben in und mit den Erfahrungen, zunächst den äusseren oder, wenn wir mit Kant reden wollen, den Erscheinungen. Zu jeder äusseren Erfahrung gehört neben dem qualitativen Sinneseindruck eine zeitliche Bestimmung, d. h. das Merkmal der Succession.[1] Doch das soll uns nicht genügen, denn wir kämen damit in einen Zirkel der Fragen nach der Objektivität der Aussenwelt und der der Zeitordnung. Nun ist aber für unser Bewusstsein die Succession gegeben in und mit unseren Vorstellungen: indem wir die letzteren zur Einheit des Bewusstseins appercipieren, ist für das Bewusstsein ein Nacheinander derselben im Gegensatz zu seiner eigenen Stetigkeit und Selbigkeit da. Die Vorstellungen von heute, wie die von gestern und ehegestern, alle habe ich sie gehabt, alle gehören sie mir. Ebenso aber und hauptsächlich ist es so mit den inneren Spannungen, mit unseren Gefühlsregungen. Wir werden uns ihrer bewusst auch als in Zeitabläufen vor sich gehend. Ich fasse einen Entschluss; im gegenwärtigen Augenblick steigt ein Spannungsgefühl in mir auf: zugleich denke ich an das Ziel, das ich mir vorgesetzt, an den Plan, den ich vollbringen will; aber ich bin mir wohl bewusst, dass ich mir nur vorgreifend dies Ziel vergegenwärtige. Vollziehe ich dann die

---

[1] vergl. Schuppe. Erkenntnisstheoretische Logik 166 ff. Wundt, Grundzüge der physiol. Psychol. 2. Aufl. II 196.

Handlung, so liegt als ein Entschwundenes der erste Entschluss zurück, nur in der Erinnerung ist er noch für mich da; und so geht's immer rastlos fort. Bewusstseinsinhalte sind für mich da, die einen in nebelgrauer Ferne, fast entschwunden dem Gedächtnis, die anderen noch deutlicher und fester in ihren Umrissen, wieder andere mich augenblicklich ganz erfüllend, und dabei für mich ein Anlass vorauszublicken auf das, was kommen wird. Und kommt dies dann, so existieren wieder jene allein in der Erinnerung. — Ermüdet und matt liege ich auf meiner Ruhestätte: noch fliehet mich der schon ersehnte Schlaf; zu meinen Häupten tickt die Uhr und rastend nimmer eilen die Sekunden. Und wie mein Ohr von neuem stets getroffen wird vom Schlag der Uhr, der doch, einmal vernommen, nimmer wiederkehrt, so merke ich auch, wenngleich halb träumend nur, wie's in mir selber stetig auf und nieder wogt; doch ist schon hin, was eben noch mir gegenwärtig war, und nun ist auch dies zweite schon Vergangenheit.

Hat nun aber, wie wir oben nachgewiesen, diese innere Erfahrung, haben diese Spannungen und Regungen unmittelbare Gewissheit, sind sie, um genau zu sein, das einzige, dessen Objektivität wir schlechthin zweifelsfrei behaupten können, so verhält es sich auch ebenso mit ihrem zeitlichen Verlauf, ihrem successiven Auftreten. Die Zeit also, d. h. nicht die unendliche mathematische, für die wir Anfang so wenig als Ende denken können, sondern das Nacheinander hat objektive Realität und zwar genau eben solche, wie unser Vorstellen, Fühlen und Wollen, denn dies alles ist nur in jener, wie jene nur in diesen Inhalten. Die Behauptung also, die Zeit existiere nicht thatsächlich, würde die andere mit einschliessen, wir selbst existierten nicht. Denn wir sind ja nichts anderes als Bewusstseinsinhalte, wechselnde, ablaufende, auf einander folgende, nur dass eben bei alledem das Bewusstsein ist, dass wir es sind, die sie erlebt, die sowohl, welche schon lange dahin sind, als die eben erst verflossenen!

Es bleibt also bei dem, was wir schon angedeutet, der einzige Zirkel, den wir begehen, ist der, dass wir voraussetzen, wir selbst existierten, es existierten thatsächlich unsere Bewusstseinsinhalte; und zwar so, wie sie nun einmal für uns existieren, wie wir sie erleben, und dass wir sie dann auch nachträglich mit der Reflexion, dem Denken erfassen, so wie sie sind, d. h. ohne sie, wenigstens dem Inhalt nach, zu verändern.[1]

Es lässt sich von vielen Sätzen der Kantischen Philosophie erweisen, dass sie, wenn nicht durch falsche psychologische Voraussetzungen veranlasst, so jedenfalls auf solchen basiert sind. Das gilt auch hier von der Idealität der Zeit. Die Annahme eines „inneren Sinnes" erklärt diese ganze Lehre. Sehr deutlich tritt das im § 7 der transscendentalen Aesthetik hervor. Hier gedenkt Kant des Einwurfs von „einsehenden Männern": Veränderungen sind wirklich; Veränderungen sind nur in der Zeit möglich, also ist die Zeit etwas Wirkliches. Diesem Einwand gegenüber rekurriert nun Kant auf die Subjektivität des inneren Sinnes: „die Zeit ist allerdings etwas Wirkliches, nämlich die wirkliche Form der inneren Anschauung. Sie hat also subjektive Realität in Ansehung der inneren Erfahrung, d. i. ich habe wirklich die Vorstellung von der Zeit und meinen Bestimmungen in ihr." Aber wir haben zunächst nicht eine „Vorstellung" von der Zeit, sondern wir erleben die Zeit.

Aber noch könnte von einer anderen Seite her, gleichsam der entgegengesetzten, unseren Untersuchungen von vornherein das Fundament entzogen und damit jegliche Bedeutung genommen werden.

Es giebt eine Anschauung — ihre Blütezeit in der Wissenschaft freilich ist unwiederbringlich dahin, dafür sucht sie sich heute in den niederen Volkskreisen Geltung zu erzwingen — nach der ein Unterschied zwischen materiellem, körperlichem und zwischen geistigem Sein, zwischen Stoff und Geist, Materie und Bewusstsein nicht existiert: der Materialismus. Gerade von diesem Unterschied aber sind wir aus-

---

[1] Insofern hat also Riehl Recht, wenn er bemerkt, dass eine Erkenntnis a priori von jeder Partei in der erkenntnisgenetischen Frage eingeräumt werden muss; a. a. O. I 322.

gegangen. Wir müssen also hier zu unserer oben gegebenen positiven Ansicht eine polemische Zurückweisung jenes Standpunktes hinzuzufügen versuchen. In drei Sätzen lassen sich alle Behauptungen des Materialismus zusammenfassen: 1) die Körper sind die einzigen wahrhaft wirklichen Dinge; unser Geist ist Materie; unser Bewusstsein ist das Gehirn. 2) Die Ortsveränderungen sind die einzigen wahrhaft wirklichen Vorgänge; die psychischen Vorgänge sind Vorgänge an körperlichen Substanzen, d. h. Ortsveränderungen. 3) Die räumlichen Beziehungen sind die einzig wahrhaft wirklichen; die Beziehungen der psychischen Elemente, der Bewusstseinsinhalte sind räumlicher Natur.

Wir können uns auf die Prüfung der zweiten These, die für uns die wichtigste ist, beschränken; auch fallen schon mit ihr die anderen.

Das bejahende Urteil, dass die geistigen Vorgänge körperliche Bewegungen sind, kann nur zu Recht bestehen, wenn der Subjektsbegriff — geistige Vorgänge —Merkmale enthält (mitbezeichnet), die uns berechtigen, das Prädikat — körperliche Bewegungen — von ihm auszusagen. Nun sind uns die geistigen Vorgänge gegeben im Selbstbewusstsein, und zwar einzig und allein in diesem; denn an anderen nehmen wir sie nur durch Analogie-Schlüsse wahr. Werden uns also — das ist die Frage, die hier allein entscheiden kann — die psychischen Vorgänge als körperliche Bewegungen, als Ortsveränderungen bewusst? Wer wollte es wagen hier mit ja zu antworten? Der Willensentschluss, den wir fassen, kommt er uns zum Bewusstsein als materielle Ortsveränderung? Nein; oder das Gefühl, das wir erleben, der Schmerz, die Freude, die Sorge, die religiöse Erhebung? Nein; oder denn doch wenigstens die Vorstellungen? Aber auch sie werden nicht als Bewegungsvorgänge bewusst. Von dem also, was das Prädikat der materialistischen Behauptung aussagt, findet sich im Inhalt des Subjekts schlechterdings nichts. Und so ist hier auch die Art zurückzuweisen, wie Trendelenburg zwischen der äusseren Welt und unseren Vorstellungen eine Harmonie konstruieren wollte, indem er die Bewegung als das beiden gleicherweise zu Grunde Liegende hinstellte[1]. Will man die geistige Thätigkeit als Bewegung auffassen, so ist das eben nur ein Bild; man darf dann diese nie mit der Bewegung von körperlichen Dingen der Aussenwelt zusammenstellen. Was sind denn aber die psychischen Vorgänge dann, wenn sie nicht körperliche Bewegungen sind, was ist denn nun das Bewusstsein? Es ist eben - Bewusstsein. Wie sollten wir es näher bestimmen können, da es uns in absoluter Einzigartigkeit gegeben ist? Das „Wie" der geistigen Vorgänge ist uns ja durchaus unbegreiflich[2]. Eine Definition des Bewusstseins kann daher nur in tautologischer Umschreibung gegeben werden[3], und wir thun dies, indem wir im Anschluss an Herbart sagen: es ist die Summe aller wirklichen Vorstellungen, Gefühls- und Willensregungen.[4]

Aber es giebt noch eine Unterart des Materialismus, die da sagt, die geistigen Vorgänge seien Erscheinungen von körperlichen Bewegungen und weiter dementsprechend in den beiden anderen Thesen. Aber was erscheint denn? Körper, körperliche Bewegungen, körperliche Beziehungen: und wo ist alles dies gegeben? Im Bewusstsein. Und von diesem im Bewusstsein Gegebenen ist das Bewusstsein selbst Erscheinung? Und weiter, wem erscheint denn nun? dem Bewusstsein. Also dem Bewusstsein, das Erscheinung ist von körperlicher Substanz, welch letztere im Bewusstsein allererst gegeben ist, erscheinen geistige Vorgänge, die Erscheinungen sind von körperlichen Bewegungen, welch letztere dem Bewusstsein allererst gegeben sind! Hier liegen denn doch Zirkel vor, die wohl zu vermeiden sind. Wir haben eben vom Bewusstsein auszugehen, und dies, das uns am ursprünglichsten gegeben ist, als etwas Besonderes und Einzigartiges wohl zu unterscheiden von der gesamten Aussenwelt, die, zunächst auch nur Bewusstseinsinhalt, nur einen kleinen Teil unseres Bewusstseins ausmacht.

---

[1]) Logische Untersuchungen I 146, 324.
[2]) vgl. Du Bois-Reymond, Ueber die Grenzen des Naturerkennens p. 34.
[3]) Wundt, Grundzüge der physiol. Psych. II² 200 (= II⁴ 255).
[4]) Werke V 208 (nach Wundt a. a. O.).

Das Recht, unsere Position in der Analyse der inneren Erfahrung zu nehmen, haben wir uns damit allseitig erkämpft. Es fragt sich nun nach der **Methode der Untersuchung.**

Mit welchen Mitteln ist die innere Erfahrung zu analysieren, welche Fehlerquellen öffnen sich, wie sind diese zu kompensieren? — Wir müssen hier wieder an unsere oben gegebene Auseinandersetzung mit dem Positivismus anknüpfen. Die primäre Quelle für die innere Erfahrung ist die Selbstbeobachtung. Die schlechthin gegen die Möglichkeit einer solchen Selbstbeobachtung überhaupt erhobenen Einwände, beruhen, wie wir sahen, auf einer falschen Analyse des vorliegenden Thatbestandes. Damit ist aber über den wissenschaftlichen Wert solcher Selbstbeobachtung noch nichts gesagt. Der nächstliegende Einwand ist der, dass diese Methode zum diskutierbarsten Subjektivismus führen müsse. Wie wenn der eine dies, der andere jenes als innere Erfahrung ausgiebt? Das Gefühl, hat man mit gewissem Recht gesagt, sei recht eigentlich die Sphäre der zufälligen Besonderheit, der individuell abgeschlossenen Partikularität[1]. L'observation intérieure engendre presque autant d'opinions divergentes qu'il y a d'individus croyant s'y livrer, wendet Comte ein[2]. Aber auch abgesehen hiervon wird der Wert der Selbstbeobachtung durch eigene psychologische Bedenken gemindert. Für eine wissenschaftliche Beobachtung muss vorausgesetzt werden, dass die gespannte Aufmerksamkeit auf den zu beobachtenden Gegenstand gerichtet werde. Die Aufmerksamkeit ist ein Willensakt, eine innere Spannung. In der Zeit verlaufend können diese inneren Spannungen in einem Augenblick immer nur eine Richtung haben. Da nun innere Spannungen, wie wir sahen, in allen Bewusstseinsmomenten enthalten sind, so folgt, dass die scharfe Aufmerksamkeit nie auf einen im Augenblick gegenwärtigen Bewusstseinszustand gerichtet werden kann. Und wenn es immerhin vorkommt, dass wir uns

---

[1] E. von Hartmann, Religionsphilosophie p. 34.
[2] Cours de phil. pos. ed. IV. 1 p. 33.

in Bewusstseinslagen, in denen die Spannungsgefühle weniger stark hervortreten, selbst bei Abläufen unseres Innenlebens überraschen, so fällt doch diese Möglichkeit hinweg, sobald es sich um Zustände handelt, in denen Wollungen und Strebungen eine grössere Rolle spielen, vollends in solchen, wo sie einen erregten, die ganze innere Spannung in Anspruch nehmenden Charakter tragen. Als wissenschaftliche Beobachtung kann daher die Selbstbeobachtung für sich genommen nicht gelten[1].
Einen gewissen Ersatz bietet nun hier die Erinnerung. Die Vorteile und Nachteile, die sie für das Studium der inneren Erfahrung liefert, sind gegen einander abzuwägen. Die Erinnerung ist eine Funktion vorzüglich des vorstellenden Bewusstseins, wenn auch für ihr jeweilig erstes Auftreten Spannungsmotive in den Vordergrund treten. Daher kehrt bei Erinnerungen an Bewusstseinszustände, die in starker Erregung verliefen und eben daher für Selbstbeobachtung, auch nur im nächstfolgenden Augenblick, besonders ungeeignet waren, die Erregung nicht mehr zurück, wenigstens nicht notwendig und nicht immer, und es bietet sich somit die Möglichkeit ruhiger Betrachtung. Die Erinnerung an einen Schmerz ist nicht wiederum jener Schmerz selbst: so fällt für die Erinnerung ein gut Teil der die Beobachtung beim unmittelbaren Erleben erschwerenden Momente hinweg. Es kommt hinzu, dass die Erinnerung nicht alle durch die verschiedenartigsten Einflüsse hervorgerufenen Momente eines bestimmten Bewusstseinszustandes in ganz gleicher Weise aufnimmt, sondern — nach Massgabe ihres oben gezeichneten psychologischen Charakters — hält sie sich durch Vermittlung der Associationen des Vorstellungsverlaufes vorwiegend an die innerlich zusammengehörigen Elemente dieses oder jenes Bewusstseinsaktes: es fallen infolgedessen die mehr äusserlich und zufällig auftretenden Begleiterscheinungen aus, oder werden doch leicht als solche bewusst. Schliesslich aber ist zu beachten, dass, wenn wir auch Erinnerungen an Gefühle, wie aus dem Gesagten erhellt, zunächst

---

[1] vgl. besonders Wundt in Philosoph. Studien IV p. 292 ff.

nur durch Vermittlung von Vorstellungen haben, dann doch auch hier Erscheinungen auftreten, die denen ganz parallel sind, die auf dem Gebiet der rein-sinnlichen Wahrnehmung seit Fechner als Erinnerungsnachbilder bezeichnet zu werden pflegen. Durch Vermittlung von Vorstellungsabläufen werden frühere Gemütszustände reproduziert: es entstehen Nachbilder des Zustandsbewusstseins. Für die Beobachtung bieten diese zwar nicht ganz die Vorteile der rein sinnlichen Nachbilder, die — nur durch physiologische Ursachen herbeigeführt — in der Gegenwart ihres Auftretens mit vollster Spannung der Aufmerksamkeit betrachtet werden können; aber immerhin nehmen auch diese Nachbilder des Zustandsbewusstseins die Spannung des Bewusstseins bei weitem nicht in dem Masse in Anspruch, wie die ursprünglichen Gemütszustände selbst. Ihr Grundton wenigstens kann sofort (d. h. nicht erst im nachfolgenden Moment) erfasst werden; und sodann können sie auch durch die Aufmerksamkeit mehrfach unterbrochen werden, ohne infolgedessen sogleich endgültig zu verschwinden: dadurch entsteht also die Möglichkeit einer unmittelbar nachfolgenden genauen, analysierenden und vergleichenden Betrachtung.

Immerhin bleibt trotz dieser Erinnerungs- und Erinnerungsnach-Bilder für die blosse Selbstbeobachtung ein Mangel wissenschaftlicher Exaktheit übrig. Die Erinnerung kann jedenfalls immer nur diejenigen Momente eines Gemütszustandes wieder vergegenwärtigen, die im Augenblick des Erlebens vom Bewusstsein erfasst wurden: ob nicht vielleicht noch andere Momente in demselben enthalten und welcher Natur diese waren, das vermag sie nicht festzustellen. Ausserdem aber ist unser Bewusstseinszustand in jedem gegenwärtigen Augenblick mitbedingt durch die ganze bis dahin abgelaufene Vergangenheit: es können sich daher auch in jedes Erinnerungsbild Elemente einmischen, die in dem ursprünglichen Zustande selbst nicht enthalten waren; und das gilt hier auch für die Erinnerungsnachbilder, da dieselben nicht auf rein physiologischer Basis beruhen, sondern durch Vorstellungsverläufe mitbedingt sind, die ihrerseits wieder stets durch den Gesamtzustand des Bewusstseins beeinflusst werden. Je näher aber ein Erinnerungsbild oder ein Erinnerungsnachbild dem früheren Zustand steht, um so wertvollere Resultate wird es liefern können. Im ganzen leistet also die **Selbstbeobachtung** dem Studium der inneren Erfahrung nicht zu unterschätzende Dienste, ohne doch für sich schon eine völlig exakte Methode der Untersuchung und Beweisführung zu ermöglichen.

Neben die Selbstbeobachtung tritt die Untersuchung **fremder Bewusstseinszustände**. Damit bietet sich ein Korrektiv für die bei der Selbstbeobachtung an erster Stelle genannte Fehlerquelle, die aus ihrem rein subjektiven Charakter resultiert. Folgt daraus die Wichtigkeit dieses Korrektivs, so ist doch andererseits nicht zu übersehen, dass sich durch dasselbe neue Fehlerquellen öffnen. Wir haben von fremden Seelenzuständen keine unmittelbare, sondern nur durch Analogieschlüsse eine mittelbare Kenntnis. Nach Massgabe der bei uns selbst beobachteten Abspiegelung der inneren Erfahrungen in der Sphäre des körperlichen Organismus schliessen wir auf Grund bestimmter äusserer Kundgebungen anderer Personen auf ihren Bewusstseinszustand zurück. Vollzieht sich dieser Schluss auch im gewöhnlichen Leben ganz unmittelbar, ohne dass man sich seiner komplizierten Natur bewusst wird, so ist er doch thatsächlich dem Schlussverfahren des diskursiven Denkens gleichwertig. Letzteres bedeutet wenigstens für die wissenschaftliche Beobachtung einen Vorteil, weil dadurch eine genaue Nachprüfung ermöglicht wird. Jener ganze Umstand aber der Notwendigkeit eines Analogieschlusses lehrt, dass hier über einen gewissen Zirkel in der Methode letztlich nicht hinauszukommen ist. Nur nach Analogie meiner eigenen Seelenzustände kann ich fremde beurteilen: wohl ergiebt sich eine nach beiden Seiten förderliche Wechselwirkung der Methode der Selbstbeobachtung und des Studiums fremder Seelenzustände: aber schliesslich bildet doch der Umfang meines eigenen Bewusstseins die Grenze der Beobachtung und Beurteilung fremder Bewusstseinsinhalte. Und abgesehen auch davon, dass hier eine Schranke des Erkennens überhaupt besteht, veranlasst die falsche Uebertragung des eigenen Bewusstseinsinhaltes auf einen fremden nur gar zu leicht positive Fehler. James sieht hierin die Haupt-Fehlerquelle der Psychologie (the psychologist fallacy par excellence), indem er davor warnt, der Psychologe dürfe nicht seinen eigenen Standpunkt mit dem des von ihm untersuchten Bewusstseins verwechseln, er dürfe nicht seine eigenen Erfahrungen denen seines „Objekts" substituieren[1]. Aber damit sind für die Beobachtung fremder Bewusstseinszustände die Fehlerquellen noch nicht erschöpft. Die genannten liegen auf der Seite des Beobachters, andere entspringen auf der des Beobachteten. Abgesehen auch von direkten falschen Vorspiegelungen und absichtlichen Verstellungen, durch die wir getäuscht werden können, üben die Sitten und Formen des täglichen Lebens einen abschleifenden Einfluss auf die Menschen aus, der es erschwert, ihre Seelenzustände genauer zu beobachten und der zu mancherlei Fehlern Anlass giebt. Die Menschen umgeben sich im Verkehr mit anderen mit einem Schleier konventioneller Etiquette, der die Stärke und Erregtheit, selbst die Art ihrer seelischen Zustände vielfach verhüllt.

So beachtenswert also auch das Korrektiv ist, das für das Studium der inneren Erfahrung die Beobachtung fremder Seelenzustände der Methode der Selbstbeobachtung leistet, noch bleiben die aufgezeigten Fehlerquellen offen, noch bleiben die aufgezeigten Grenzen der Beobachtungsmöglichkeit bestehen.

Die experimentelle Methode, die für die Untersuchung der Quantitäten der einfachsten Bewusstseinsphänomene, der Empfindungen, eine Ergänzung liefert, die zu wissenschaftlicher Exaktheit führt, ist für das Studium der inneren Erfahrung — jedenfalls heute — nicht zu verwenden, sie ist eben auf die Beobachtung der einfachsten Bewusstseinsphänomene beschränkt. Wenigstens gilt das von der im engeren Sinne sogenannten experimentellen Methode; im weiteren Sinne wird auch für das Studium der inneren Erfahrung, wie wir gleich sehen werden, eine Art

---

[1] William James, The Principles of Psychology I p. 196 ff.

experimenteller Methode in Anwendung kommen können als Unterabteilung der historischen Methode. Denn die historische Methode ist es, die uns allein zur Ergänzung dienen kann. Wir müssen die für uns in Betracht kommenden Bewusstseinszustände der Menschen in ihrer Ausgestaltung bei den verschiedensten Völkern studieren. Hier haben wir nun aber die Möglichkeit einer exakten Methode: denn jene Bewusstseinszustände spiegeln sich wieder in den Ueberlieferungen der Völker. Sprache, Sitte und Mythus sind die objektiv gewordenen Erzeugnisse des menschlichen Bewusstseins;[1] dieselben halten einer aufmerksamen, analysierenden und vergleichenden Beobachtung Stand. Die Völkerpsychologie also liefert uns die notwendige Ergänzung zu den Ergebnissen der Selbstbeobachtung und der Beobachtung fremder Seelenzustände. Wir haben sie aber absichtlich unter den Namen der historischen Methode gefasst. Wir wollen damit sagen, dass u. E. in der Völkerpsychologie von ausschlaggebender Bedeutung durchaus die Untersuchung der historisch fixierten „Bewusstseinsobjektivierungen" sein muss. Nur wieder als Hilfsmittel hat die Beobachtung der Seelenzustände der lebenden Naturvölker hinzuzutreten. Als solches ist freilich auch das Studium der Naturvölker von grosser Wichtigkeit; für sich genommen sind bei ihm die Schwierigkeiten der Methode und die Fehlerquellen zu grosse. Es sind diese Fehlerquellen folgende: zunächst das Fehlen sicherer und fest fixierter Ueberlieferungen; sodann die Thatsache, dass alle Naturvölker sogleich nach ihrer Berührung mit den Kulturvölkern — meist nicht ohne die allergrösste Schuld auf Seiten der letzteren — in einen Zersetzungsprozess, und zwar in Bezug auf alle Lebenssphären verfallen.[2] Es kommt daher darauf an,

---

[1] vgl. Wundt, Logik II 498, 517: Physiol. Psychol. I⁴ p. 5; Philosoph. Studien Bd. IV p. 27.

[2] Wir verweisen dafür auf Waitz-Gerland II 131. 145, 171. 217—219, 263, 264, 266, 270, 361, 399, 401, 404: „Am schnellsten und vollständigsten pflegt sich alles Edlere aus dem Charakter solcher Völker zu verlieren, wenn sie mit der weissen Rasse in nachbarliche Berührung kommen." III. 136, 162, 172, 209: „Durch-

möglichst aus der ersten Zeit, da diese Völker bekannt wurden, die in Betracht kommenden Momente aufzunehmen. Für den Gesamtumfang der historischen Methode aber ist zu beachten, dass wie überhaupt das gesamte Gebiet der inneren Erfahrung, so zumal die religiösen Gefühle bei allen Völkern bereits durch bestimmte Vorstellungsreihen bestimmt sind. Diese Vorstellungen werden zum Teil nur die Aeusserungen der ursprünglichen Gemütszustände selbst sein, zum Teil aber werden sie auch ohne einen in der Sache liegenden Zusammenhang hinzugetreten sein. Es wird daher, um Fehler zu vermeiden, einer kritischen Analyse bedürfen, und zwar müssen aus den religiösen Ueberlieferungen einmal alle die Vorstellungen abgesondert werden, die aus fremden Motiven herrührend sich hier eingemischt haben, sodann müssen die im engeren Sinne religiösen Vorstellungen auf die ihnen zu Grunde liegenden Triebe und Gefühle zurückgeführt werden. — Wie aber für jede psychologische Forschung die Beobachtung solcher Personen von besonderer Wichtigkeit ist, bei denen eine hochgradige Steigerung des Bewusstseinslebens vorliegt, so muss das auch für unser besonderes Gebiet gelten. Wir werden daher denjenigen Erscheinungen im Leben der Völker, in denen das religiöse Bewusstsein in besonderer Intensität zum Ausdruck kommt, auch besondere Aufmerksamkeit zu widmen haben. Das ist es, was wir oben als „eine Art experimenteller Methode" im Auge hatten.

Wollen wir nun aus allem über die Methoden der inneren Erfahrung Gesagten das Facit ziehen und fragen, zu welcher Sicherheit in den Resultaten dieselbe gelangen kann, so werden wir diese Frage nach doppelter Richtung

gängig ist seit der Ankunft der Weissen mit der einheimischen Religion auch der Kultus rasch in Verfall geraten, und die Eingeborenen selbst wissen meist über die Bedeutung der religiösen Gebräuche, die sich noch erhalten haben, keine Auskunft mehr zu geben." 238 ff., 388 f., 448, 449, 517; V 2, 191; VI 462; 463: „Die meisten Vertreter civilisierter Völker haben die Eingeborenen mit aller ihrer Macht wieder herabgeschleudert in die alte oder vielmehr in eine noch tiefere Barbarei."

hin beantworten müssen. Denn zunächst sind die auf Grund der inneren Erfahrung gemachten Aufstellungen insofern ganz einzigartiger Natur, als sie unmittelbar gegebene Thatsachen des Bewusstseins zum Ausdruck bringen und nicht, wie alle Sätze der Naturwissenschaft, nur Hypothesen sind zum Zweck die durch unsere Auffassung bedingten Vorstellungsreihen erklärlich zu machen. Was sodann die Frage nach der Allgemeingültigkeit betrifft, so giebt die historische Methode die Möglichkeit, in exakter Forschung die Bewusstseinsthatsachen der verschiedensten Völker zu studieren und mit einander zu vergleichen. Auch in dieser Hinsicht liegt gegenüber den Methoden der Naturwissenschaft kein Nachteil vor, wohl aber der Vorteil, dass, während dort die Möglichkeit besteht, dass jeden Augenblick neugefundene Erscheinungen dazu nötigen können, die bisher geltenden Hypothesen umzustossen, hier Aehnliches nicht der Fall ist. Hier ist das ganze Material, das für die Untersuchung überhaupt in Betracht kommen kann, thatsächlich gegeben. Eine andere Frage ist freilich die, wieweit dies Material herangezogen ist oder auch nur herangezogen werden kann. Immerhin erhellt, dass auch in Bezug auf die Allgemeingültigkeit die Wissenschaft der inneren Erfahrung zu ungleich sichereren Resultaten gelangen kann als die der äusseren Erfahrung.

So kommen wir zu unserer Aufgabe im engeren Sinne. Die gesamte innere Erfahrung wird sehr allgemein eingeteilt nach dem Schema der Lust- und Unlust-Gefühle, und zwar mit der Voraussetzung, dass in diesen beiden, als Hauptarten, das ganze innere Leben wirklich aufgehe. Demgegenüber meinen wir, dass diese Aufstellung dem vorliegenden Thatbestande schlechterdings nicht entspreche. Denn es giebt Gegefühle, Gefühlsregungen (wir erinnern hiermit an unsere oben gegebene Definition), die sich unter diese Bezeichnung nicht einordnen lassen — die sittliche Spannung, die abgesehen von jeder durch sie herbeigeführten Lust oder Unlust ihren Wert geltend macht; wohl kann man sagen, das betreffende Individuum werde nachträglich ein Gefühl der Lust und Freude empfinden darüber, dass es die bestimmte sittliche Aufgabe, die sich ihm in jener Spannung aufdrängte, ausgeführt oder wenigstens auszuführen versucht hat; aber jene Gefühlsspannung selbst war etwas spezifisch anderes; weiter die mystische Versenkung in sich selbst oder die umgebende Natur: die religiöse Erhebung, das in dieser erwachsende gefühlsmässige Bewusstsein des eigenen Wertes, verbunden mit der wiederum im Gefühl erlebten bescheidensten, ja bis zur Wehmut stimmenden Demut — hat es einen Sinn, hier von Gefühlen der Lust zu reden?

Es giebt weiter innere Erregungen, die einen beseligenden Taumel höchsten Genusses darstellen und doch zu gleicher Zeit das Gefühl tiefgreifenden Schmerzes in sich schliessen. Es ist, wie Novalis sagt, „die Möglichkeit eines unendlich reizenden Schmerzes da."[1] Das „himmelhoch jauchzend" und das „zu Tode betrübt" können mit und neben einander des Menschen Brust bewegen. Will man dennoch an dem Gegensatz von Lust- und Unlustgefühlen festhalten, weil derselbe immerhin einen gewissen formalen Einteilungsgrund liefert (cf. Kaftan. Wesen der christl. Religion p. 139), so muss man wenigstens, wie auch Kaftan thut,[2] von einer grundlegenden Verschiedenartigkeit derselben ausgehen, man muss mit Ritschl von Lustgefühlen anderer, höherer Ordnung reden.[3] Besser aber, meinen wir, sollte man diese Bezeichnung als oberstes Einteilungs- und Definitions-Prinzip überhaupt ablehnen, da es eben von der Art und Weise „wie sich viele Gefühle in ihren spezifischen Inhalten fühlbar machen, selbst zurückgewiesen wird".[4] Wir sprechen daher lieber von unmittelbaren Wertgefühlen, die dann je nach ihrer Art näher zu analysieren und zu beschreiben sind. Die Einteilung in Lust- und Unlust-Gefühle aber beschränken wir auf die besondere Klasse der sinnlichen Gefühle.[5]

Wir stellen nun, um weiter zu kommen, den

[1] nach Dilthey, Leben Schleiermacher's p. 362.
[2] Wesen d. christl. Relig.² p. 55.
[3] Rechtfertig. u. Versöhnung, III³ 191.
[4] Strümpell, Grundr. d. Psychologie, p. 139.
[5] vgl. Wundt, Grundzüge der phys. Psychol. I² 465 = I⁴ 555.

Satz hin, dass das Grundwesen aller Religion oder besser jeder Religion in solchen — oben genannten — Wertgefühlen bestehe. Wir kommen hiermit auf ein vielbestrittenes Gebiet. Unsere These scheint sich besonders nahe mit Kaftans Ansicht, die das Wesen der Religion in Werturteilen sieht[1], zu berühren. Sind doch auch nach Kaftan diese Werturteile nur die im konkreten, geschichtlichen Leben zum klaren Bewusstsein gekommenen, fixierten Gefühlserregungen[2]. Um so mehr müssen wir den Unterschied hervorheben, der zwischen dieser und unserer Auffassung — deren Konception vorzüglich durch erstere veranlasst ist — besteht. Wir können das, um von vornherein unsere Ansicht zu verdeutlichen, dadurch thun, dass wir die verschiedene Bedeutung, in der das Wort „Wert" dort und hier gebraucht ist, betonen. Kaftan nämlich gebraucht dasselbe in einem subjektiven, wir in einem objektiven Sinne: so nämlich, dass dem Einzelnen Wertgefühle unmittelbar gegeben seien. Gefühle also, oder wieder besser innere Spannungen, die an und für sich mit dem Anspruch auf wertvolle Geltung auftreten. Kaftan seinerseits erläutert selbst seine Ansicht, indem er näher charakterisierend die Werturteile, die in jeder Religion zu Grunde liegen sollen, als natürliche bezeichnet, d. h. als solche, die einen Anspruch auf Leben zum Ausdruck bringen[3]. Unzweifelhaft hat Kaftan diese These durch historische Belege aufs beste gestützt. Doch glauben wir ihm widersprechen zu müssen. Es ist zunächst hervorzuheben, dass der geschichtlichen Betrachtung hier ausserordentliche Schwierigkeiten erwachsen. Es ist ja sicher ein grosses Verdienst Kaftans, dass er auf einfache geschichtliche Würdigung der Thatsachen,

---

[1]) Das Wesen d. christl. Rlg.² p. 46 ff. — Wir glauben ohne das Missverständnis, das sich Biedermann hat zu Schulden kommen lassen, zu verkennen, diesen Ausdruck als die Sache bezeichnend anwenden zu sollen: denn unter Wesen verstehen wir eben, was als das eigentlich Bestimmende schliesslich (einem andern) zu Grunde liegt." cf. a. a. O. p. 98 u. 46.
[2]) Das Wesen der christl. Rlg. p. 43.
[3]) a. a. O. cap. II; besonders p. 53, 58, 64 ff.

die sich jeder willkürlichen Eintragung enthält, gedrungen hat. Aber andrerseits ist doch eine Verständigung darüber, was denn in jeder Religion (dieses Wort zunächst ganz allgemein gebraucht) wirklich Religion sei, d. h. was teils dem betreffenden Volke als Religion gegolten hat resp. gilt, teils der wissenschaftlichen Betrachtung als solche gelten darf, nicht allein aus der Einzelbetrachtung bestimmter (sogenannter) Religionen zu gewinnen, sondern, so gefährlich auch der Kanon, den Rauwenhoff hier aufstellt, ist, dass nämlich, wie der Embryo aus dem erwachsenen Geschöpfe, so die unentwickelten Religionen aus den höheren zu begreifen seien[1], so werden wir uns demselben doch nicht ganz entziehen können. Denn das, meinen wir, hat nun einmal die Forschung erwiesen, dass der ganze Komplex dessen, was als Religion resp. als religiöser Glaube gegolten hat oder noch gilt, den verschiedenartigsten Ursachen seine Entstehung verdankt. Es gilt doch auch von den „übel zusammengenähten Bruchstücken" der mannigfaltigsten Vorstellungen, Kultusformen und sonstigen Gebräuche, die uns in den kulturhistorischen Werken als Religion aufgetischt werden, was Schleiermacher von den Systemen der Theologie sagt: sie sind noch nicht die Religion.

Es liegt doch nun einmal auch für die geschichtliche Betrachtung die Aufgabe vor „in den Religionen die Religion zu entdecken".[2]

Vor allem glauben wir hier auf die freilich meist in einseitiger Verallgemeinerung vorgetragenen animistischen Beweggründe verweisen zu müssen. Ist denn nun z. B. solch ein Geister- oder Gespensterglaube schon an und für sich Religion? Die Frage kann ja leicht auf einen Wortstreit hinausführen, aber wir meinen, wenn man einen solchen vermeiden und nicht nur umgehen will, in welch letzterem Falle man dann unter Religion die verschiedensten Dinge verstehen kann, so darf man unter den ganz in einander verschmolzenen Anschauungen und Lebenselementen der

---

[1] Rauwenhoff, Religionsphilosophie (ed. Hanne) p. 28.
[2] Reden über die Religion, ed. Pünjer p. 21 u. 239 (= 1.Aufl. p. 27 u. 237).

niederen Völker nur die als religiös anerkennen, die „auch in der späteren Entwicklung, nachdem die Trennung in die verschiedenen Lebensgebiete eingetreten ist, eine bleibende religiöse Bedeutung bewahren."[1] Wundt, dem diese Worte entlehnt sind, definiert nun die religiösen Vorstellungen und Gefühle als solche, „die auf ein ideales, den Wünschen und Forderungen des menschlichen Gemüts vollkommen entsprechendes Dasein sich beziehen."[2] Und diese Definition acceptieren wir. Freilich könnte man dieselbe infolge der Unbestimmtheit des Wortes „ideal" ganz in dem Sinne von Kaftan deuten, und bei Wundt selbst scheint es bisweilen so: wir aber wollen sie so aufgefasst haben, — und soweit wir sehen, stimmen wir darin auch mit Wundts eigentlichen Intentionen überein[3] — dass jene Ideale, die das Wesen der religiösen Gefühlsregungen bestimmen, den Menschen gegeben sind in ursprünglicher Weise, dass sie von vornherein einen anderen Inhalt haben als seine eigenen egoistischen Wünsche, dass sie ihm etwas Höheres, Uebergeordnetes, ihn selbst Verpflichtendes bedeuten.

Und so kommen wir auch, wenn Kaftan weiter unten das eigentlich religiöse Gefühl darin sieht, dass der Mensch „im irdischen Lebensgenuss, in den Gütern, welche die Welt ihm bietet, keine bleibende Befriedigung findet"[4], dieser Aufstellung mit dem, was wir meinen, immerhin näher. Nur möchte uns dünken, es sei nicht wahrscheinlich, dass zuerst allein „dies negative"[5] im menschlichen Bewusstsein entstanden sei. Setzt dasselbe nicht vielmehr das wenn auch nur ahnende Bewusstsein eines positiv höheren voraus? Wenn sich des Menschen Leben nur in „natürlichen" Werturteilen bewegte, wie kam er dann dazu, im irdischen Lebensgenusse keine bleibende Befriedigung zu finden? Sind

---

[1]) so Wundt speziell von den Bestandteilen des Mythos, Ethik¹ p. 39, vgl. 38, 44, 50.
[2]) a. a. O. p. 41.
[3]) vgl. besonders Ethik¹ p. 424. System der Philos. 646 ff.: hier freilich in metaphysischer Einkleidung.
[4]) a. a. O. p. 70.
[5]) a. a. O. p. 70.

denn die Bedürfnisse eines Naturkindes, wenn anders ihm nur sein sinnliches Leben am Herzen läge, so gross, dass er sie auf dieser Welt, noch dazu inmitten einer fruchtbaren und gesegneten Natur, — denn in der Zone dieser wohnen ja diejenigen Völker, deren Religionen zu den besonders hoch entwickelten gehören, — nicht hätte befriedigen können? Will man diese Frage beantworten, dann, scheint uns, muss man schon diese „Bedürfnisse des Menschen" als ein sehr positives Element ansehen. Aber deshalb leugnen wir nun ganz und gar nicht, dass sich nicht überall mit dem, was das eigentliche Wesen der Religion ausmacht, andere Richtungen der Entwicklung des menschlichen Geistes eng verbunden, ja diesem häufig ihre Physiognomie aufgedrückt haben. — Und zwar werden wir uns klar zu machen haben, dass dies nicht etwa nur in der Weise gilt, dass der Kern der Religion nur von einzelnen erfasst wäre, dass die anderen dagegen dieselbe missdeutet und in ihren egoistischen Dienst gezogen hätten, sondern ein und derselbe wird die Sache bald so, bald so angesehen haben. Ein Widerspruch hat darin für das naive Bewusstsein zunächst nicht gelegen[1]. Aus diesem Grunde würden wir es z. B. nicht als Einwand gelten lassen, wenn man darauf hinweisen wollte, wie vielfach die verehrten Idole, wenn die von ihnen erwarteten Wirkungen nicht eingetreten sind, gestraft, verbrannt, eingesperrt oder weggeworfen werden[2]. Hierhin gehört auch, was häufig bei Naturvölkern zu beobachten ist, dass sie nämlich einen guten oder höchsten Gott (resp. Geist), dessen Dasein sie als feststehend voraussetzen, oder auch allgemein die guten Geister weit weniger verehren als die bösen, oder wenigstens die untergeordneten, d. h. dann also die bestimmten Lebensgebieten vorstehenden[3].

---

[1] vgl. Wundt, Ethik 47, 48.
[2] Waitz, Anthropologie der Naturvölker II 185, VI 341; vgl. Chantepie de la Saussaye, Religionsgeschichte I 59, 68, II. 94.
[3] Chantepie d. l. Saussaye, a. a. O. I 199; — Waitz, a. a. O. II 168, III 178, 182, 189, 312, 345, 385, 518, V 452, V_2 135, VI 233, 244, an welch' letzter Stelle indes Gerland die Vorstellungen als zeitlich verschieden trennen will, wofür wohl kaum ausreichende Gründe sprechen; cf. Chant. d. l. Saussaye I 201.

Aber worauf es für uns ankommt, das ist doch das, was denn das bestimmende Element in den eigentlichsten religiösen Momenten die wir als solche durch geschichtliche Betrachtung festzustellen haben — gewesen sei. Vorausgesetzt nun einmal die Richtigkeit unserer Hypothese, vorausgesetzt also, dass in den wirklich religiösen Momenten die Menschen stets etwas anderes erlebten und erleben, als nur die Koncentrierung ihrer sehnlichsten natürlichen Wünsche, dass selbst an der verkommensten positiven Religion noch mehr erkennbar sei, als dass sie nur praktische Welterklärung aus dem höchsten Gut des Menschen (nämlich dieses Wort im eudämonistischen Sinne) sein wolle[1], ist es dann nicht doch ganz natürlich, dass, wenn der Mensch so einmal zur Religion, d. h. zur ehrerbietigen Beugung vor einer höheren Macht gelangt war, er nun auch mancherlei andere Anliegen seines Herzens mit dieser in Verbindung brachte? Unsere Ansicht geht also dahin, dass die Menschen, soweit wir sie kennen, durch unwiderstehlich sich aufdrängende, von selbst hervorbrechende innere Spannungen und Gefühlsregungen dazu gebracht werden, einer ihnen unbedingt übergeordneten höheren, einer übersinnlichen Macht in demütiger Verehrung sich zu unterwerfen, dass sie aber zu gleicher Zeit durch eine kindliche Naturanschauung und das unmittelbar sich aufdrängende Bedürfnis einer Naturerklärung dazu gelangen, in den verschiedenartigsten Dingen der Natur, vor allem zunächst in den durch besonders auffällige, Staunen und Entsetzen erregende Eigenschaften ausgezeichneten[2], lebende Wesen, Geister zu erblicken, die einen eigenen und selbständigen Willen haben, wie sie selbst, oder doch dieselben als die Wohnorte solcher Geister anzusehen, dass sie nun in diesen Wesen, diesen Geistern oder Naturerscheinungen diejenigen erblicken, auf welche sich jene Erlebnisse beziehen, und dass sie dann schliesslich alles, was für sie Gegenstand von Furcht oder Hoffnung ist, in der Macht dieser Wesen

---

[1] cf. Herrmann, die Religion im Verhältn. zum Welterk. u. zur Sittlichk. p. 253.
[2] vgl. Waitz a. a. O. I 454 II 138; 38 III 191; Rauwenhoff, Religionsphilosophie (ed. Hanne) p. 49.

gegründet glauben. Dieses alles — und es wäre leicht diese Beschreibung weiter auszumalen und zu ergänzen —, in einer untrennbaren, durch wechselseitige Einwirkung auf einander verknüpften Zusammensetzung macht, so meinen wir, das Wesen der niederen Religionen — Wesen hier im weiteren, allgemein gebräuchlichen Sinne — aus. Wir wollen damit über die **Entstehung** der Religionen nichts gesagt haben; mag es sich damit verhalten, wie immer es wolle, wir wollen nur jene beschriebenen Faktoren als die hauptsächlichsten in den bekannten Religionen hinstellen. Für die Richtigkeit des Grundgedankens dieses Satzes, dass also die verschiedenartigsten Momente und Motive zusammenwirken in den Erscheinungen, die wir zunächst allgemein als religiöse bezeichnen, berufen wir uns auch auf die eigene Zeit. Wird es nicht manchen guten und aufrichtigen Christen geben, der auch wirklich von den spezifisch-christlichen Gedanken bewegt wird, und der doch bei mancherlei Gelegenheiten von der Wirklichkeit spukhafter Erscheinungen — um nur eins zu nennen — fest überzeugt, diese dann in unauflösliche Verbindung mit seinen religiösen Gefühlen und Anschauungen bringt? Darf man dieselben aber deshalb als einen wesentlichen Bestandteil seines religiösen Lebens ansehen?[1] Auf den Katholizismus noch zu verweisen, wird vollends überflüssig sein. Wenn daher Rauwenhoff im ganzen Verlaufe seiner Religionsphilosophie prinzipiell den Gedanken durchführt, dass in den Religionen zwei Gesichtspunkte massgebend seien, nämlich einmal der einer unbeholfenen kindlichen Naturerklärung und dann zum andern als notwendige Ergänzung dieses der eines in Achtungsgefühlen sich aussprechenden sittlichen Bewusstseins, so dass überall wo Religion vorhanden sei, erstlich für den Menschen das Vorhandensein von Gottheiten feststehe und zweitens dann etwas hinzukomme, was diese letzteren für die betreffenden Menschen zu „ihren" Göttern mache, so halten wir das für richtig, aber auch noch für einseitig.

---

[1] Im einzelnen vergleiche man dazu z. B. die Beschreibung, die Waitz von der Religion der Neger giebt, a. a. O. II 167 ff.

Indem wir nun aber behaupten, dass jener oben genannte erste Faktor die inneren Spannungen und Wertgefühle den Kern der Religion, ihr Wesen im engeren Sinne bedeute, und wenn anders er vorhanden ist, wird dies niemand leugnen nach Massgabe seiner eigenen Erfahrung. — so ist das punctum saliens, um das es sich nunmehr handelt, der Nachweis, dass jener Faktor in der That — wenn auch in noch so blasser Form — in allen Religionen zu finden sei. Dass gerade bei den Naturvölkern die Religionen — wir müssen diesen Namen beibehalten, da er einmal üblich ist: man muss sich aber stets bewusst bleiben, dass, was wir hier Religion nennen, eigentlich den ganzen Komplex der verschiedensten Lebensäusserungen, die wiederum den verschiedensten Motiven entsprungen sind, in sich fasst — dass, sagen wir, gerade bei diesen die Religionen überwiegend viele Momente enthalten, welche nur die natürlichen Wünsche und Begierden abspiegeln, dass sie also hauptsächlich aus dem bestehen, was als Zauberei bezeichnet zu werden pflegt,[1] das ist ja durchaus verständlich, da hier das natürliche Leben, die natürlichen Lebensfunktionen im höchsten Masse das Uebergewicht besitzen und das, was den Menschen zum Menschen macht, noch verhältnismässig wenig entwickelt ist. Ob aber nun von dem letzteren in den niederen Religionen, oder besser bei den niederen Völkern gar nichts vorhanden sei, das ist nach unserer Ansicht gerade die Hauptfrage.

Voraus schicken wir nur noch dies, dass soweit wir die Menschen kennen, sie bisher noch immer in irgend einer Weise religiöse Anschauungen besessen haben, und dass es daher „die Orgien eines die Grenzen des Erkennens missachtenden Empirismus" sind, wenn man, wie Mortillet, davon spricht, dass die Menschheit Jahrtausende religionslos gelebt habe;[2] weiter aber ist an die oben erwähnte Thatsache zu erinnern, dass die Naturvölker sogleich nach ihrer Berührung

---

[1] vgl. Chantepie de la Saussaye. a. a. O. I 72.
[2] Dilthey, Einleitung in die Geisteswissenschaften, p. 168; cf. Chantepie d. l. S, a. a. O. I 12, Wundt, Ethik p. 42.

mit Kulturvölkern einem Zersetzungsprozess anheimfallen. Daher darf man nicht alles, was bei ihnen einen besonders niedrigen Standpunkt zu verraten scheint, gleich in diesem Interesse ausnutzen. Nun sind es aber vor allem zwei Momente, welche auch in den niedrigsten Religionen uns auf die gesuchte Spur führen können. Das erste bezieht sich ganz allgemein auf die näheren Umstände, unter denen die religiösen Stimmungen zum Ausdruck kommen, die religiösen Handlungen sich vollziehen. Und da ist es eine Thatsache, dass dies durchgehends geschieht an solchen Orten und zu solchen Zeiten, wo die Menschen sich in besonderer Weise unter dem Einfluss der Natur und ihrer Gewalten befinden. Wir erinnern an die religiösen Kulte oder wenigstens Kultusanfänge in den Neumondnächten, an die in den heiligen Hainen. Die Verehrung von Himmel, Sonne, Mond und Sternen, von Sturmesgewalt und Wasserflut ist bei Naturvölkern so gut wie allgemein zu finden.[1] So sind bei den Negern die höchsten Götter meist der Himmel, die Sonne, der Regen oder der Sturm;[2] der Hottentottengott Heitsi-Eibib ist Mondgott[3] und die Kaffern verehren die Macht, die Donner und Blitz sendet,[4] auch lassen ihre Tänze bei Eintritt des Neumondes noch auf ehemaligen Mondkultus schliessen.[5] Die Wakamba und Wanika nennen die Sonne und den Himmel Gott,[6] desgleichen die Galla.[7] Bei den Völkern Amerikas tritt ebenso die ausserordentliche Bedeutung, welche die Himmelsmächte für ihre religiösen Vorstellungen hatten, deutlich hervor. Wir geben die Belege aus Waitz für die Nord- und Süd-

---

[1] Chantepie d. l. Saussaye, a. a. O. I 72.
[2] Waitz-Gerland a. a. O. II 168—171. — Gloatz, Arten u. Stufen der Relig. bei den Naturvölkern in Zeitschr. f. Miss.-Kunde u. Relig.-Wissensch. 93 u. 94.
[3] Waitz, a. a. O. II 324.
[4] Waitz II 410.
[5] Waitz II 412.
[6] Waitz II 424.
[7] Waitz II 517.

Amerikanischen Wilden;[1] bekannter noch ist die bedeutsame Stellung, welche den Himmelskörpern in den Religionen der einheimischen amerikanischen Kulturvölker zukommt. Die Mexikaner nannten sich Söhne der Sonne, und diese war ihnen die wichtigste Gottheit:[2] dasselbe gilt von den mittelamerikanischen Völkern[3] und den Chibchas[4], um vollends von den Peruanern ganz zu schweigen.[5] Auch bei den Völkern der Südsee finden wir überall Verehrung von Naturmächten, dem Sturm[6], besonders aber dem leuchtenden Himmelsgewölbe[7]. Für die Urreligion der Indogermanen ferner hat die vergleichende Sprachforschung erwiesen, dass es in ihr sich hauptsächlich um die Götter des Himmels handelte[8]. Aber auch bei den Semiten stehen diese im Vordergrunde[9].

Halten wir nun an diese Thatsachen unsere eigene Erfahrung, so werden wir keinen Augenblick im Zweifel sein können, unter welchem Gesichtspunkt wir sie anzusehen haben. Es ist das gefühlsmässige Innewerden, das Erfasst- und Ergriffenwerden von einer erhabenen Majestät, das sich in ihnen ausspricht. Und eben dies kommt nun auch in dem anderen, dem zweiten Moment zum Vorschein. Fragen wir nämlich, welche Personen von diesen Völkern als die in besonderem Masse religiös gedacht werden, in welchen Zuständen sich ihnen hauptsächlich religiöses Bewusstsein abspiegelt, so erhalten wir wieder eine im ganzen einstimmige Antwort. Ueberall finden wir Fetischmänner, Medizinmänner, Schamanen, Zauberer oder wie sie sonst heissen mögen, als solche, von denen man meint, sie ständen zu den Göttern in vorzüglich naher Beziehung. Zu Tage aber tritt eben dies

---

[1] Waitz III 179, 180: „Alle bekannten Völker Amerikas, sagt Lafitau, verehren die Sonne; 181, 182, 205, 207, 217, 219, 220, 338, 385, 392, 417, 508, 538.
[2] Waitz IV 138 cf. 16; 137, 139. 154. 158; ebenso 243.
[3] Waitz IV 309, 327, 351.
[4] Waitz IV 362 ff. 377.
[5] Waitz IV 447, 453, 464.
[6] Waitz V_2 197.
[7] Waitz VI 240 ff. 261, 667, 799.
[8] vgl. Chantepie d. l. Sauss. I 227.
[9] ebenda 221.

letztere in ekstatischen Zuständen, in einer hochgradigen Exaltation.[1] Beide Momente, die wir angeführt haben, kommen auch in Verbindung mit einander vor, insofern diese religiöse Verzückung durch den Aufenthalt in der Einsamkeit und an schaurigen Orten hervorgebracht wird.[2] Wir werden nun ja auch bei Beurteilung dieses letzteren der beiden Punkte jede Einseitigkeit der Auffassung zu vermeiden haben und mancherlei Gesichtspunkte werden hier als zutreffend anzuerkennen sein; aber wenn wir die weite Verbreitung dieser Thatsache ins Auge fassen, wenn wir sie ferner vergleichen mit dem, was wir bei höher stehenden Völkern Aehnliches finden, also mit der ekstatischen Erhebung des Neu-Platonismus, der mystischen Versenkung, die im Brahmanismus und Buddhismus eine so grosse Rolle spielt und auch im Christentum, mag man sie gleich für eine Verfälschung desselben halten, von grösster Bedeutung gewesen ist, so werden wir sie in der Hauptsache nicht etwa auf einen Betrug zurückführen dürfen, auf eine Betrügerei solcher, die dadurch in den Augen ihrer Stammesgenossen abergläubische Furcht vor sich selbst hervorzubringen beabsichtigten, soviel auch zumal in späterer Zeit solche und ähnliche Motive mit im Spiel gewesen sein mögen, sondern wir werden rückhaltslos zugeben müssen, dass für das Bewusstsein dieser Völker in solch' begeisterter Erregung der Höhepunkt oder das eigentliche Wesen religiösen Denkens, Fühlens und Wollens lag. Und dann kommen wir wieder auf das, was wir schon anderweit gefunden hatten, dass der Schwerpunkt für religiöses Verhalten in dem Ergriffensein von einer die Person überwältigenden Macht[3] zu suchen sei. Das unmittelbare Wertgefühl, das in diesen Erlebnissen zum Bewusstsein kommt, muss der Angelpunkt religiösen Lebens sein.

Doch liegt schon in diesen Zuständen ekstatischer

---

[1] Chantepie d. l. Saussaye a. a. O. I 110, 111, 182, 193, 210; Waitz II 199 III 216 f.
[2] Waitz, a. a. O, II 412.
[3] Hiermit ist natürlich zunächst über das selbständige Vorhandensein solcher Macht nichts ausgesagt.

religiöser Begeisterung etwas anderes neben jenem, was wir als Ergriffen- und Bestimmtwerden durch eine höhere Macht bezeichneten. Denn es kommt doch in denselben das Bewusstsein einer eigenen, persönlichen, inneren Kraft zum Ausdruck; es zeigt sich an ihnen, dass die Menschen eine unmittelbare Bethätigung dieser Lebenskraft und Lebensenergie für das Höchste im menschlichen Dasein halten. Denn in dieser Geltung stehen ja jene Personen, jene Zustände. Es ist also, wenn wir zusammenfassen, das Hervortreten einer inneren Spannkraft, einer persönlichen Mächtigkeit, wenn wir wollen, einer Spontaneität, die doch zugleich als solche das Bewusstsein an sich trägt, unter einer höheren Triebkraft zu stehen. Wir haben dann also auch hier das Gefühl oder Bewusstsein eines gewissen eigenen Wertes. Denn wie sehr er auch unter dem Einfluss eines Gottes, eines Geistes stehen mag, es ist schliesslich doch der bestimmte Mensch, der diese Erlebnisse hat, der fähig ist, in solcher Weise begeistert zu werden. Und hier könnte man vielleicht auch gegen uns einwenden, dass solches Bewusstsein einer spezifischen Würde des Menschen auf manchen untergeordneten Religionsstufen vollkommen fehle. Denn es gäbe „Volksstämme, deren ganzes Leben von Religion durchwoben ist, und die gar kein Bewusstsein davon an den Tag legen, dass zwischen ihnen und den Tieren ein Unterschied besteht."[1] Freilich sprechen Ritschl und Herrmann, gegen die diese Worte Kaftans gerichtet sind, in viel präzisierterer Weise von dem Bewusstsein einer spezifischen Würde des Menschen, als wir, sofern nämlich dasselbe zu einem Widerspruch in der Weltstellung des Menschen führen solle; doch würde man, wie am Tage liegt, Kaftans Einwand, der in seinem Kontext u. E. ganz berechtigt ist, immerhin auch gegen uns kehren können. Aber uns scheint, nur mit Unrecht. Denn was beweist es, dass Völker von einem Unterschied zwischen sich und den Tieren nichts wissen? Doch nur, dass ihnen die hierzu nötige wissenschaftliche Erkenntnis und Einsicht fehlt. Wenn sie

---

[1] Kaftan, Wesen der christl. Relig.² p. 84.

sich nun aber von dem, was Tiere sind, sehr hohe Vorstellungen machen, wenn sie dieselben z. T. für höhere Wesen als sie selbst sind, halten, sie als Götter und Stammherren ansehen, sie verehren und anbeten — wir erinnern nur an die totemistischen Anschauungen der Amerikaner und Südseeinsulaner — wie kann man dann daraus, dass sie, wenigstens zu ihren Gunsten, keinen Unterschied zwischen sich und diesen Tieren machen, schliessen, dass sie kein Bewusstsein eines persönlichen Wertes hätten? Die Indianer z. B. und zwar eben die Indianer, die sich mit den Tieren gleichsetzen oder sich ihnen sogar unterordnen, legen doch sonst Zeugnis davon ab, dass sie ein sogar hohes Bewusstsein eigenen Wertes und eigener Würde haben. Man denke an jene stolze Selbstüberwindung, die es für entwürdigend hält, bei den grausamsten Martern den Schmerz nur mit einem Worte oder auch nur mit einer Miene zu verraten, die es gelernt hat, zu leiden ohne zu klagen![1]

Sehen wir aber weiter zu, ob sich die Ansicht, die wir vertreten haben, an der indischen Religion bestätigt, als derjenigen, von der wir im Grunde neben der jüdisch-christlichen und dem Ableger dieser, dem Muhamedanismus, allein eine hinreichende Litteratur besitzen, um sichere Einblicke thun zu können. Wenn Kaftan behauptet, dass die Umbildung der alten arischen zu dieser indischen Religion aus der Wertschätzung des Kultus entsprungen sei[2], so meinen wir, sei doch auch eine andere Betrachtung möglich und berechtigt. Denn zwei Reihen von Vorstellungen, zwei Elemente sind es, welche in der vedischen Litteratur die Entwickelung der eigentümlichen indischen Religion, des Brahmanismus und in „gerader geschichtlicher Entwickelung"[3] von da aus den Buddhismus vorbereiten.[4] Und davon ist das eine die Vorstellung vom Atman, vom eigenen Ich, vom persönlichen Selbst. Diese Kraft des inneren Lebens, dies Centrum der

---

[1] vgl. Waitz-Gerland a. a. O. III 134 f; 172 ff.; cf. 114.
[2] a. a. O. p. 72.
[3] Oldenberg, Buddha, sein Leben, seine Lehre, seine Gemeinde; p. 33.
[4] Oldenberg, a. a. O. p. 26 ff.

Persönlichkeit, dieser „Lebenssaft des Lebenssaftes" erscheint dem Inder von so eminenter Wichtigkeit, von so einzigartiger Bedeutung, dass er ihn allem anderen voranstellt, dass er in ihm die Macht sieht, die alle Lebensgebiete beherrscht. So wird das Ich, der Atman, zum Schöpfer der Welt, zum Herrn der Götter, zum All: „Der Atman ist das All."[1] Was man aber mit dem letzteren meint, das ist vorab nicht eine abstrakte philosophische Theorie, die von dem All ausgeht, sondern der Ausgangspunkt liegt in der Wertschätzung des Atman: dieser Atman ist das einzig Wertvolle im All, und daher — so wird geschlossen — das All selbst[2]

Aus Furcht vor ihm die Sonn aufgeht,
Aus Furcht vor ihm die Winde wehn;
Aus Furcht vor ihm durcheilt Agni
Und Indra und der Tod die Welt.

so heisst's in mehreren Upanishaden.

Hier also verschmilzt beides völlig in einander: das eigene Wertbewusstsein und das eines doch in diesem wieder vorgefundenen Uebernatürlichen. Wohl wird sich der Mensch bewusst, dass er von einem Höheren, als er selbst ist, bestimmt werde, aber veranlasst durch eine zum stillen Hinbrüten geneigte Naturanlage, identifiziert er dies wiederum mit dem eigenen Ich, dessen hohen Wert er erkannt hat. Vollends aber treibt ihn weiter eben diese Naturanlage zu einem philosophierenden Nachgrübeln, und so entsteht dann jener Pantheismus, der Philosophie und Religion zugleich ist und eben deshalb keins von beiden ordentlich.[3]

Letzteres gilt ja nun auch durchaus vom Buddhismus, aber wie sehr doch auch in ihm der Wert der Person ursprünglich von Bedeutung war, ist unverkennbar. Schon der Name „Buddha" besagt es. Buddha ist der, der erwacht ist, der erkannt hat; es ist aber das Wort, welches vorzüglich vom Erkennen

---

[1]) aus dem „Brahmana der hundert Pfade" nach Oldenberg a. a. O. p. 27.
[2]) Oldenberg. a. a. O. p. 41.
[3]) Oldenberg, a. a. O. p. 6 (hier speziell vom Buddhismus).

des Atman, des eigenen Selbst gebraucht war.¹ Und wenn sich also die ganze Lehre des Buddhismus in den vier heiligen Wahrheiten vom Leiden, von der Entstehung des Leidens, von der Aufhebung des Leidens und von dem Wege zur Aufhebung des Leidens zusammenfasst², und wenn die letzte und tiefste Wurzel alles Leidens das Nicht-Wissen ist,³ so ist das eigentlich das Nicht-Wissen um den Atman, die Unkenntnis des eigenen Wertes.⁴ Genauer beschrieben besteht jenes Leiden, das unerschöpfliche Thema des Buddhismus, in dem fünffachen Haften am Irdischen, dem Haften an der Körperlichkeit, an den Empfindungen, den Vorstellungen, den Gestaltungen und dem Erkennen,⁵ denn „die Körperlichkeit ist nicht das Selbst, die Empfindungen sind nicht das Selbst," die Vorstellungen, die Gestaltungen, das Erkennen sind nicht das Selbst. Aber freilich bleibt nun der Buddhismus, wenigstens in der metaphysischen Theorie, bei diesem negativen Resultate stehen, es kommt bei diesen lebensmüden Naturen nicht dazu, in der Persönlichkeit das positiv Wertvolle aufzudecken. Das Nicht-Ich ist Leiden, ob es aber ein Ich überhaupt giebt, das bleibt dahingestellt.⁶ So besteht schliesslich die gesuchte Erlösung allein in dem Aufhören der Sankhara, der Gestaltungen, der Kausalitätsreihen, in denen alles Sein verläuft; in der Vernichtung auch der sittlichen Kausalität, des Karma. Aber, soweit hier noch von Religion die Rede sein kann, da stellt sich diese doch gerade dar in jener inneren Freudigkeit, mit welcher der Buddhist seinem Ziele, dem Nirvana, nachstrebt, die weit entfernt ist von trüber Resignation.⁷ die aber auch eben deshalb wieder mit dem ursprünglichen, im Brahmanismus klarer zu Tage liegenden Bewusstsein eigenen Wertes verwandt ist, während

---

¹) Oldenberg, a. a. O. p. 90. cf. 54.
²) a. a. O. p. 139, 227.
³) a. a. O. p. 241 ff.
⁴) besonders a. a. O. 328 ff.
⁵) a. a. O. p. 139, 227.
⁶) i. Oldenberg a. a. O. 294 ff.
⁷) Oldenberg, a. a. O. 238 f.

sie nach der genannten (Leidens-) Theorie selbst, genau genommen, gleichfalls zum Leiden gerechnet werden müsste.

An das Christentum schliesslich brauchen wir nur zu erinnern. Was seinen Stifter so einzigartig erscheinen lässt, das ist ja gerade die Verbindung jener beiden aufgezeigten Elemente, das in solcher Vollkommenheit sonst nie dagewesene Bewusstsein selbständigen Wertes, das aber doch unmittelbar verknüpft ist mit dem anderen, sich in der Hand eines überirdischen liebenden Vaters zu wissen, ja das überhaupt nur damit und dadurch gegeben ist, dass es sich von diesem letzteren durchaus bestimmt, mit ihm und seinem Liebeswillen in schlechthiniger Uebereinstimmung weiss. Und so sind denn die höchsten Worte, zu denen er sich in Betreff seiner Person erhebt, solche wie jenes unergründlich erhabene: ὁ ἑωρακὼς ἐμὲ ἑώρακεν τὸν πατέρα, solche also, in denen zu gleicher Zeit das unbegrenzte Selbstbewusstsein eigener Würde und die demütige Zurückführung all' dieser Würde auf einen Vater im Himmel sich aussprechen.[1] Dass aber, was wir hier im höchsten Masse beim „Sohne Gottes" finden, in gewisser Weise an allen „Söhnen Gottes" sich zeigen soll und – vielfach – sich gezeigt hat, dafür genügt es auf die paulinischen Briefe und auf Männer wie Augustin und Luther zu verweisen.

Da wir aber so in der Stufenreihe der Religionen aufgestiegen sind — wir sind von den Naturvölkern ausgegangen, daher wird niemand das Wort Stufenreihe als petitio principii ansehen — werden wir nunmehr von selbst erinnert, dass wir ein gewichtiges Moment bisher unerwähnt gelassen haben. Im Christentum ist jenes Selbstbewusstsein eigenen Wertes nur in engster Verbindung mit dem Bewusstsein sittlicher Verpflichtung gegeben: der himmlische Vater, dem anzugehören eben jenes Wertgefühl besagt, ist „vollkommen", und seine Kinder sollen auch „vollkommen" sein[2]; das Reich Gottes, dieses Endziel des Christentums, ist ein Reich höchster sittlicher Zwecke.

---

[1] Joh. 14₉; aber auch in der synoptischen Ueberlieferung kommt dem ganz nahe Mtt. 11₂₇ (Lc. 10₂₂).
[2] Mtt. V₄₈.

Und so sehr auch der Buddhismus auf negative Moral ausläuft, so sehr auch, wie weit Sittlichkeit in ihm verlangt wird, dies um utilitaristischer Gründe willen geschieht — insofern sittliches Handeln am ehesten das Leiden aufhebt[1] — doch liegt unverkennbar sittliches Bewusstsein im Hintergrunde. Der Weg zur Aufhebung des Leidens ist der achtheilige Pfad: rechtes Glauben, rechtes Entschliessen, rechtes Wort, rechte That, rechtes Leben, rechtes Streben, rechtes Gedenken, rechtes Sichversenken.[2] Der Buddha ist auch der Jina, der Sieger, der sich sein Erkennen erkämpft hat, und zwar im Kampf mit Mara, dem Herrn aller Weltlust, und seinen Töchtern, der Begier, Unruhe und Lust[3]. Und wir haben schon oben hervorgehoben, dass das religiöse Element des Buddhismus, dieses Gemisches von Religion und philosophischer Spekulation, gerade in dem freudigen und selbstbewussten Streben nach seinem Ziele, dem Nirvana, mag dies gleich das absolute Nichts sein, zum Ausdruck komme.

Aber es fragt sich, ob dies Element sittlichen Pflichtbewusstseins in allen Religionen von Bedeutung sei. Wir haben als wir das Wesen der Religion definierten recht absichtlich das Wort „Ideale" (resp. „ideale") in Anwendung gebracht, nur dass wir es nicht auf sittliche Ideale beschränkten. Aber wir sind nun freilich der Ansicht, dass auch diese letzteren in allen Religionen von konstitutiver Bedeutung sind. Und uns will scheinen, dass, wenn dies bestritten wird, letztlich immer eine einseitige Betrachtungsweise zu Grunde liegt, eine Beurteilung von unserem Standpunkt aus, von unserer Ansicht über Sittlichkeit und sittliche Ideale.

Sittliches Handeln sehen wir da, wo das Bewusstsein der Verpflichtung vorhanden ist. Soweit wir die Menschen kennen, ist solches der Fall. Wohl wechselt der Inhalt jenes Pflichtbewusstseins und hat gewechselt zwischen den mannigfaltigsten Dingen; man kann vielleicht fragen, ob es irgend etwas gebe, das

---
[1] Oldenberg a. a. O. p. 308 ff.; vgl. besonders die Geschichte von Leidelang und Lebelang aus Mahâvagga X_2.
[2] Oldenberg, a. a. O. 139, 228.
[3] Oldenberg, a. a. O. p. 90 ff.

nicht schon einmal aus Pflicht, aus Pflichtbewusstsein
gethan wäre. „Elternmord, Kindesmord, Unzucht, Lüge,
Diebstahl, Rache, Verrat, es ist alles aus der Idee der
Pflicht heraus gethan worden."¹ Aber das ändert an
der Sache nichts.

Die Bewusstseinsthatsachen anderer Menschen
können wir nur vermittelst Analogieschlüssen aus ihren
Handlungen, ihren Einrichtungen und Sitten entnehmen.
Nun finden wir überall bestimmte Anschauungen und
Voraussetzungen, dass dies geschehen müsse und jenes
nicht geschehen dürfe, dass dies geboten, jenes nicht
erlaubt sei. Dies Bewusstsein, an verpflichtende Normen
gebunden zu sein, ist eine der ursprünglichen Ideen der
Menschheit, die wir schon bei allen Naturvölkern in
gleicher Weise vorfinden. Die Anthropologie von Waitz-
Gerland giebt dafür durchgehends Belege.²

Wir finden aber ferner, dass je weiter wir in der
Stufenfolge der Völkerentwicklung zurückgehen, um so
enger religiöse und sittliche Vorstellungen an einander
geknüpft sind, mit einander verschmelzen. Wozu die
Menschen sich selbst verpflichtet fühlen, das setzen sie
auch als selbstverständlich bei ihren Göttern voraus.
So erscheinen diese als die idealen Abbilder jener.

Es ist unmöglich, diese These im einzelnen mit
Beispielen solcher Völker zu belegen, die wir im engeren
Sinne Naturvölker nennen, die Nachrichten sind hier zu
mangelhaft und zu verworren. Doch erinnern wir an
die bei ihnen sehr häufig vorkommenden Ordalien, die
zeigen, dass man die religiösen und sittlichen Vorstellungen in unmittelbare Verbindung setzt: und selbst
bei den Feuerländern, die allgemein für eine der niedrigsten Menschenklassen gehalten werden, findet sich
der Glaube an einen grossen Mann, der das Wetter
einrichtet je nach dem Betragen der Menschen.³
Andrerseits aber müssen wir uns hüten, hier Vorstellungen mit heranzuziehen, die ihren Ausgangspunkt

---

¹) Rauwenhoff (Hanne) a. a. O. p. 180.
²) Wir verweisen auf Waitz-Gerland: II. 117, 135, 122, 193,
213, 214, 219, 282, 284, 388, 392, 397, 398, 401, 403, 404, 419,
423, 441, 516, 523. III. 105, 106, 133, 156, 161, 164, 169, 178,
198, 208, 216, 239, 242, 245, 257, 342, 343, 388.
³) Waitz a. a. O III 508.

in anderen als religiösen, vor allem in animistischen und naturmythischen Motiven haben. Es ist immer zu bedenken, dass bei diesen Völkern alle Lebensgebiete unmittelbar in einander übergehen. Wenn also v. Gizycki behauptet, es sei eine der wichtigsten Thatsachen, welche die geschichtliche Forschung festgestellt habe, dass die frühesten Religionen mit der Moral in keiner Verbindung ständen, dass die Götter sich gegen die moralische Seite des menschlichen Handelns ursprünglich gleichgültig verhielten,[1] so ist das einfach nicht richtig. Er beruft sich dafür auf Waitz (I p. 324: 2. Aufl. 323), der an dieser Stelle sagt, die Religion sei vielfach weiter nichts als Gespensterglaube. Diesen letzteren würden wir nun lieber überhaupt nicht als Religion bezeichnen, aber dass doch auch bei ihm wirklich religiöse Vorstellungen wohl zu erkennen sind, dafür haben uns oben gerade die folgenden ins Detail gehenden Bände der Waitz' schen Anthropologie eine ausreichende Menge von Beweisen geboten.[2]

Vollends aber haben wir bei einer Reihe von Kulturvölkern litterarische Nachrichten, aus denen wir sicherer über jenen Punkt urteilen können und die uns andererseits doch in Zeiten zurückversetzen, die dem, was wir Naturzustand nennen, mindestens äusserst nahe kommen.

So sehen wir besonders bei Griechen und Ger-

---

[1] v. Gizycki, Moralphilosophie 1888, p. 333.
[2] Wir wollen wenigstens noch anmerkungsweise darauf aufmerksam machen, dass man sich für die These, Religion und Moral hätten ursprünglich nichts mit einander zu thun, nur mit Unrecht darauf stützen kann, dass oft allein die Uebertretung abergläubischer Gebräuche, also die Uebertretung von Kultusgebräuchen, nicht die Uebertretung moralischer Pflichten als Sünde gelte, wie dies Waitz und Gizycki als eigentlichen oder vielmehr als einzigen Grund aufführen. Denn einmal liegt darin schon immer eine Beurteilung von unserem Standpunkte, und sodann zeigt sich doch gerade in der pünktlichen Ausübung der kultischen Sühngebräuche nur der gewaltige Eindruck vom unbedingt verpflichtenden göttlichen Willen. Rauwenhoff sagt (nur wieder einseitig), die naivsten ältesten Kultuspraktiken bedeuteten eigentlich nichts anderes, als dass der Mensch sich dem anschliessen wolle, was er die Götter thun zu sehen meine. (Religionsphilosophie p. 255).

manen, dass ihre Götter Abbilder der Menschen sind; sie sind ideale Vorbilder, insofern als sie alles in potenzierter Form in sich vereinen, was den Menschen als ideal erscheint. Daraus ergiebt sich, dass in Bezug auf das Verhältnis von Religion und Sittlichkeit es nicht der ursprüngliche Standpunkt ist, dass man in den Göttern allein die Garanten der sittlichen Ordnung anschaut. Vielmehr sind die Götter so, wie die Menschen eigentlich sein sollten, das letztere aber eben nach dem subjektiven Massstab subjektiv-sittlicher Anschauung. Daher fliesst, was die Götter verbieten, zusammen mit dem, was nicht geschehen darf: die Begriffe von Sünde und Verbrechen sind ursprünglich eins.[1]

Und so zeigt sich also, dass ein weiterer Teil jener unmittelbaren, von selbst sich aufdrängenden, aus einer höchst persönlichen Spannung entstehenden Wertgefühle, welche die Menschen zu religiösen Anschauungen veranlassen, die sittlichen sind. Auch an ihnen aber finden wir die beiden Momente heteronomen Bestimmtwerdens und autonomer Spontaneität. Denn das ist das Merkmal sittlichen Handelns, wenn wir auf die konkrete sittliche Einzelthat und Einzelpersönlichkeit sehen, dass etwas gethan wird, um eines „Du musst" willen, eines „Du musst", das einerseits den Kern der Persönlichkeit ausmacht und das doch zugleich auf eine höhere bestimmende Macht hinweist.

Wir können es demnach nicht für richtig halten, wenn man, wie Herrmann, einen derartig schneidenden Gegensatz zwischen Christentum und Naturreligion konstruieren will, dass in letzterer die Gottheit nur Natur sei, wenn auch als Macht, welche die Verhältnisse zu Gunsten des Menschen beherrscht, oder, wie es an einer anderen Stelle heisst, lediglich ein Spiegel der Gelüste und Aengste der Menschenseele, während sie allein im Christentum den Menschen als sittliche Person der Natur enthebe.[2]

[1] vgl. Wundt. Ethik p. 85; vgl. p. 44.
[2] Herrmann. die Religion im Verhältnis zum Welterkennen und zur Sittlichkeit p. 8, 127 ff. 153, 212. Konsequenter Weise dürfte H. ausserhalb des Christentums von „Religion" überhaupt nicht reden, was er auch z. T. durchführt, vgl. p. 154 u. 227. Dagegen mit Recht Kaftan a. a. O. p. 84.

Jenes angedeutete Verhältnis von Religion und Sittlichkeit wird freilich bald getrübt. Und zwar geschieht das hauptsächlich durch zwei Reihen von Thatsachen. — Die sittlichen Anschauungen schreiten allmählich vor und ändern sich so mit der Zeit bedeutend. Den religiösen Ansichten aber wohnt in weit höherem Masse ein Motiv des Unverändertleibens bei, zumal wenn sie irgendwie mit Kultushandlungen in Zusammenhang stehen.[1]

Sodann aber wirken auch auf die religiösen Anschauungen allerhand fremde Einflüsse direkt schädlich ein. Es werden auf die Götter alle Züge des menschlichen Lebens und Strebens übertragen. Wie nahe muss es z. B. für das kindliche Bewusstsein liegen auf seine Götter, deren Existenz ihm um wahrhaft religiöser Eindrücke willen feststeht, die Verhältnisse menschlicher Gesellschaft, die Zusammenordnung in den Kreis der Familie oder der weiteren Genossenschaft auszudehnen? Wie viel Anlässe liegen aber in solcher Uebertragung zu einer sittlich niedrigen Charakterisierung der Götter! So kommt es denn also, dass sich alsbald Religion und Sittlichkeit scheiden. In ganz besonderem Masse aber werden sich derartige verfälschende Momente in die religiösen Vorstellungen einmischen, wenn die letzteren von der dichterischen Darstellung bearbeitet werden. Das gilt denn z. B. auch von Homer, der in der Behandlung des religiösen Stoffes „die religiösen Motive den dichterischen hintanstellt."[2] Deshalb darf man die ihm vorliegenden Anschauungen nicht so unmittelbar benutzen, wenn man das Wesen der Religion feststellen will, wie dies vielfach geschieht.

Kann doch auch nach den Arbeiten der neueren Mythologen kein Zweifel darüber bestehen, dass uns bei Homer so wenig ein Bild der ursprünglichsten religiösen und kultischen Anschauungen der griechischen Völkerschaften gegeben wird, dass vielmehr bei ihm eine Reihe zweifellos ältester Elemente (Seelenglaube, Ahnen-

---

[1] vgl. Rauwenhoff, Religionsphilosophie, p. 256, 580: „im Kultus herrscht ein gewisser eigenartiger Atavismus."
[2] Chantepie de la Saussaye, a. a. O. II 87.

kult, Heroenverehrung, Elemente, die später hauptsächlich in den Mysterienkulten weitergepflegt wurden,) fast gänzlich zu vermissen ist.[1] Wenn also Kant behauptet, dass der reine moralische Glaube allein in jedem Kirchenglauben dasjenige ausmache, was darin eigentlich Religion ist,[2] so ist das im höchsten Masse einseitig, aber etwas Wahres, meinen wir, liegt doch darin. Und wenn Rauwenhoff das Wesen des religiösen Glaubens im Glauben an eine sittliche Weltordnung sehen will,[3] so ist dies — jenes Wort im weitesten Sinne gefasst — nach unserer Ansicht wenigstens eine bedeutsame Seite aller uns vorliegenden Religionen.

Von den Thatsachen des sittlichen Bewusstseins nun, die für die Religionen von grösster Bedeutung sind, gehen wir aus. Soweit wir Menschen kennen, haben sie sittliche Anschauungen, sittliches Bewusstsein. Das Spezifische des sittlichen Bewusstseins besteht in dem unbedingt verpflichtenden Charakter, mit dem ein Wille auftritt. Ich will dies thun, ich will dies lassen, — denn ich muss, ich soll, so lässt sich im diskursiven Denken das Erlebnis beschreiben, das als unmittelbarer Bewusstseinsinhalt den psychischen Vorgang im sittlich bestimmten Subjekt ausmacht. Es ist ein aus der Tiefe der Persönlichkeit aufsprudelnder Quell, der mit elementarer Gewalt alles vor sich niederwirft, der wohl eine Zeitlang zurückgedämmt werden kann, doch nur, um dann mit um so grösserem Ungestüm hervorzubrechen, und der, wenn er denn doch durch eine langjährige Lebensführung, die den Namen einer menschlichen nicht verdient, gänzlich überschüttet wird, immerhin darunter weiter rieselt und je und dann ans Tageslicht vordringt. Das ist der sittliche Wille, der als empirisches Faktum uns vorliegt, zunächst in uns selbst, dann auch in anderen,

---

[1] vgl. u. a. Rohde, Psyche; Furtwängler, Artikel „Heros" bei Roscher. Mythol. Lexikon; Dieterich, Nekyia.
[2] Religion innerhalb der Grenzen der r. Vern. III$_1$ VI, ed. Kirchm. p. 132.
[3] a. a. O. p. 253.

wenn auch hier nur durch das Medium eines Analogieschlusses.

Herrmann[1] dagegen behauptet wiederum: „Aber der sittliche Wille ist eben nicht ein Gegebenes, ... weder in uns, noch in anderen liegt er uns als empirisches Faktum vor." Und wie begründet er diese auffallende Behauptung?: „Er bedeutet ja nichts als die Vorstellung, welche wir uns von unserem eigenen Willen machen, indem wir ein unbedingtes Gesetz als für ihn gültig anerkennen. Innerhalb dieser rein persönlichen Ueberzeugung entsteht die Vorstellung von dem sittlichen Wollen." Hier also liegt der Grund für jenes Herrmannsche Beweisverfahren, das sich auf einen „besonderen Standpunkt" stellen muss, wenn es die Gültigkeit des Sittengesetzes und infolge davon die des christlichen Gottesglaubens, oder, um in der Herrmannschen Terminologie zu bleiben, die der christlichen Weltanschauung beweisen will. Aber wie steht's denn mit jener Begründung? „Unser sittlicher Wille bedeutet nichts als die Vorstellung, welche wir uns von ihm machen." Nein, sondern unser sittlicher Wille — ist eben unser Wille, und bedeutet auch nichts weiter, vor allen Dingen nicht eine Vorstellung, die wir uns von ihm machen. Hier stützt sich Herrmann auf jene Psychologie, die wir in unserem grundlegenden Teil bekämpft haben, die nichts anerkennen will, als was wir uns vorstellen können. Aber unseres Willens, und zwar auch des sittlichen, werden wir uns nicht durch Vorstellungen bewusst, — wenigstens, worauf es uns ankommt, nicht zunächst und ursprünglich, — sondern wir erleben ihn unmittelbar, er ist einfach für uns da, er ist in unserem Bewusstsein, er ist, wenn wir so wollen, ein Teil dieses Bewusstseins, er liegt uns also „als empirisches Faktum" vor; ja wir möchten, wenn's anginge, für dies Faktum einen Superlativ von empirisch bilden, denn was giebt's noch so Empirisches als unsere eigenen Bewusstseinsinhalte? Und das ist allerdings gerade das Wesen des Sittlichen, wenn wir einfach die vorliegenden Thatsachen auffassen,

---

[1] Herrmann, Die Religion im Verhältn. zum Welterkennen u. zur Sittlichk. p. 225.

dass[1] ein unbedingt wertvolles Gefühl, oder besser eine unbedingt wertvolle Erfahrung, eine unbedingt verpflichtende Spannung in unserem Bewusstsein auftritt: beschreiben können wir diese ja immer wieder nur in Ausdrücken diskursiven Denkens, aber wir erleben sie zunächst doch als einfache Bewusstseinsthatsache. Wenn Herrmann dieselbe als Lusterfahrung bezeichnet, so ist das schon ein irreführender Name, und nun behauptet er, dass, wenn wir uns bei jenem Faktum begnügen, wir eins dabei übersehen. Denn „indem man das Urteil unbedingt wertvoll über die bestimmte Willensrichtung ergehen lässt, so spricht man ja eben damit den Wert jener Bestimmtheit des Willens von der Abhängigkeit los, in welcher er zunächst zu der Lusterfahrung steht." Inwiefern denn? Sehen wir recht, so täuscht sich Herrmann nur selbst durch den Ausdruck „Urteil ergehen lassen", denn streng genommen brauchen wir ja gar kein Urteil ergehen zu lassen, wir erkennen nur an, wir sprechen einfach aus, was uns thatsächlich vorliegt resp. vorlag. Es war da, es existierte in unserem Bewusstsein, wir erlebten ein Wollen, das zugleich ein Sollen war, eine Willensspannung, die unbedingten Gehorsam forderte. Das und nichts als das ist's, was in uns vorgeht, wenn wir sittlich bestimmt werden: alles andere ist Reflexion, aber nicht Auffassen des Thatbestandes, und auf diesen allein können wir doch das Recht religiöser Weltanschauung mit Aussicht auf Erfolg gründen wollen. Dass die Notwendigkeit des Sittlichen mehr besage, ist eine pure Voraussetzung, was im Grunde Herrmann selbst zugeben muss.[2] Und wäre es denn wirklich wahr, dass sittliche Gesinnung nur dann an-

---

[1] Zum Folgenden vgl. Herrmann a. a. O. p. 158 f.
[2] Herrmann a. a. O, p. 146. Zunächst soll nach H. nur die Anerkennung des Unterschiedes zwischen dem Sittlichen und dem natürlichen Geschehen vorausgesetzt sein; das ist aber nur möglich, indem er psychische Thatsache identifiziert mit Naturereignis, was für seine Terminologie falsch ist, da nach dieser Naturereignis heisst was vom vorstellenden Bewusstsein in seinem Kausalzusammenhang erfasst wird: aber der Wille wird nicht vom vorstellenden Bewusstsein erfasst, sondern im Bewusstsein erlebt. Somit macht Herrmann in Wirklichkeit die Voraussetzung, die wir oben angegeben haben.

getroffen wird,[1] „wenn die Reflexion (sic!) über die Werte, unter deren Eindruck die Handlung sich vollzieht, zu dem Gedanken erweitert wird, dass sich in ihnen ein unbedingtes Gesetz darstellt, welches keiner Bestätigung durch ein Ereignis unseres subjektiven Lebens bedarf, und dass unser Wille dabei nicht einem zufälligen Zwange erliegen, sondern seine Autonomie bethätigen soll"? Die einfache Thatsache sittlicher Gesinnung ist das jedenfalls nicht. Wenn wir uns nun auf diese einfachen Thatsachen berufen, so wollen wir ja allerdings eine Wahrheit, die gelten soll, erweisen, indem wir die psychischen Vorgänge aufdecken, in denen sie faktisch gilt. Das beruht aber nach Herrmann auf einem argen Irrtum[2]. Ebenso urteilt auch Windelband, der dieser „genetischen" Methode die „kritische" (besser jedenfalls die apriorische) als die, welche allein zu einem Ziele führen könne, gegenüberstellt[3]. Wir sollen uns die Normen zum Bewusstsein bringen, welche nötig sind als unerlässliche Bedingungen, wenn wir die Allgemeingültigkeit bestimmter (Vorstellungen,) Willensentscheidungen (Gefühle) voraussetzen. „Wenn das Sittengesetz gedacht wird, so erhebt es sich über alle möglichen inneren Erlebnisse des Subjekts als die Bedingung, unter welcher allein dieselben ethischen Wert erhalten können."[4] Aber wir meinen, hier bewegt man sich in einem Zirkel, der sehr zu vermeiden ist. Auch wir haben ja unsern Zirkel von vornherein zugegeben, dass wir nämlich voraussetzen, es existiere thatsächlich die innere Erfahrung, die wir erleben, und zwar auch so, wie wir sie aufzufassen imstande sind. Aber wohin soll jener andere Zirkel führen? dürfen wir wirklich nach Massgabe unseres Normalbewusstseins auf eine allgemeingültige Einheit der Normen schliessen? beruht nicht alle Wissenschaft letztlich auf dem Konstatieren von Thatsachen? Letzteres würde uns Windel-

---

[1] Herrmann, a. a. O. p. 236 cf. 247.
[2] a. a. O. p. 88.
[3] Windelband, Präludion p. 247 ff.
[4] So formuliert bei Herrmann a. a. O. p. 163.

band auch zugeben, nur würde er von dieser Wissenschaft dann die Philosophie getrennt wissen wollen; und so soll auch nach ihm schliesslich diese Philosophie wieder „eine Sache des persönlichen Glaubens, aber nicht mehr der wissenschaftlichen Erkenntnis sein."[1] Nun, wir beschränken uns lieber auf die letztere (d. h. natürlich in Anbetracht der Philosophie), nur dass wir verlangen, dass dieser Geisteswissenschaft ihre eigene Methode gewahrt und dass nicht das Vorstellen als einzige und allein mögliche Quelle der Erkenntnis fingiert werde.[2] Denn, wie wir schon andeuteten, nur indem Herrmann letzteres thut, schafft er sich selbst alle die Schwierigkeiten, die er dann allein dadurch wegräumen kann, dass er sich auf einen anderen Standpunkt stellt, dass er sich in das Reich persönlicher Ueberzeugung zurückzieht, das aber der Verfasser der Geschichte des Materialismus offen ein Reich der „Dichtung" nennt.[3] Mag dann immerhin dies letztere die „Heimat des Geistes" sein, wir fragen mit Rauwenhoff: „wer kann auf die Dauer auf Langes Standpunkt verharren?"[4] In der That nämlich, Herrmann setzt immer voraus, dass alles, was Anspruch auf wissenschaftliche Berechtigung haben soll, ursprünglich und eigentlich vom Vorstellen erfasst, zum Objekt gemacht werden müsse. „Für die (erklärende) Wissenschaft ist daher dies Wirkliche (scil. das des Selbstbewusstseins) nichts weiter als ein Produkt rein subjektiver Einbildung."[5] Dadurch, dass Herrmann der Wissenschaft das Epitheton „erklärende" beilegt, macht er ja seine Behauptung einleuchtender; aber besteht denn die Wissenschaft vor allem im Erklären und nicht vielmehr im Konstatieren und Anerkennen vorliegender Fakta? Herrmann identifiziert unberechtigter Weise durchgehends diese drei: vorstellendes Bewusstsein, reines Erkennen, wissenschaftliche Methode. „Das Bewusstsein (das eben bei ihm blosses Vorstellen,

---

[1] Präludien p. 53.
[2] vgl. Dilthey, Einleitung in die Geisteswissenschaften p. 412, 417, 496, 497, 502, 503.
[3] F. A. Lange, Geschichte des Materialismus II 61.
[4] Rauwenhoff, a. a. O. p. 408.
[5] Herrmann, a. a. O. p. 108.

reines Erkennen ist) wird gar nicht auf die inneren Thätigkeiten oder psychischen Vorgänge geführt.[1] So macht denn Herrmann allen Ernstes die Fiktion, man könne sich auf „den Standpunkt des blossen vorstellenden Bewusstseins stellen."[2] — Wenn also Herrmann diejenigen, welche sich auf eine Untersuchung des sittlichen Willens als einer empirischen Thatsache einlassen, abweist, so beruht das u. E. auf falschen Voraussetzungen, auf einer falschen psychologischen Analyse.

Bei Kant aber, dem Herrmann in so vielen Stücken folgt, treffen wir ein Moment an, das uns wichtig ist. Da nämlich nach Kant alle materialen praktischen Prinzipien insgesamt unter das allgemeine Prinzip der Selbstliebe gehören[3], so folgt, dass praktische Vernunftgesetze solche rein formaler Natur sein müssen, die bloss der Form nach den Bestimmungsgrund des Willens enthalten. Nun hat ja freilich Kant selbst nicht von jedem Inhalt abstrahiert, auch kommt in der That eine nur formale Bestimmung eines Willens nirgends vor; aber der Gedanke selbst ist doch von Wichtigkeit. Der Inhalt, den jenes Gesetz von Kant erhält, ist die Idee vom Endzweck der Person, und diese wird dann noch erweitert zu der anderen der Anerkennung und Wahrung des End- und Selbstzwecks der Gesamtheit der Personen, d. h. der Anerkennung, dass jede Persönlichkeit Endzweck sei und daher nicht als Mittel zu einem anderen Zwecke gebraucht werden dürfe. Und in dieser Form vertritt auch Herrmann die Ansichten Kants. Aber in letzteren haben wir es ja jedenfalls mit dem Ergebnis einer Reflexion, und zwar einer solchen auf einer hohen Entwicklungsstufe des sittlichen Bewusstseins zu thun, nicht mit den einfachen vorliegenden Thatsachen des letzteren. An diese aber halten wir uns, als die wir der apriorischen Methode entsagt haben.

Aber auch so — oder vielmehr so erst recht — müssen wir auf jenes „rein formale" Moment der

---
[1] a. a. O. p. 45.
[2] a. a. O. p. 112.
[3] Krit. d. pr. V. Elementarlehre, Analyt. I § 3 Lehrs. II ed. Kirchm. p. 23.

Willensbestimmung achten. Wir sagten schon, dass das sittliche Bewusstsein der Menschen sich geändert hat, gleichsam proteusartig, dass es heute noch verschieden ist in mannigfachster Weise. Aber verschieden ist doch eben nur der Inhalt, überall dagegen finden wir jenes formale Moment, jenes „soll", die Thatsache eines Pflichtbewusstseins.[1] Thue deine Pflicht, handle nach deinem Gewissen, — so finden wir's in uns, so finden wir's bei allen, soweit und solange wir Menschen kennen. Nur dass ein bestimmtes Pflichtbewusstsein auch immer einen bestimmten Inhalt hat. Und zwar stammt dieser Inhalt aus der Geschichte; denn wiederum, soweit wir Menschen kennen, sind sie da in einem geschichtlich bedingten Zusammenhang.

Und dies ist nun die Stelle, wo man uns die Einzigartigkeit jenes sittlichen Willens, der in potenziertester Gestalt das darstellt, was wir oben als unmittelbares Wertgefühl bezeichneten — solch letztere aber machen wieder das Wesen der Religion aus —, genetisch erklären will.

Was heute Gegenstand moralischer Beurteilung ist, das, sagt man, war ursprünglich ein Objekt natürlicher Wertschätzung: alles, was für die Mitmenschen nützlich und förderlich war, zu erwirken, oder wenigstens, was ihnen schädlich sein musste, zu unterlassen, — das wurde allmählich von den Einzelnen als Pflicht anerkannt. Der sociale Utilitarismus und der Evolutionismus reichen sich hier zur Begründung dieses Erklärungsversuches die Hände.

Die eigentliche Grundlage, auf der sich das sittliche Leben der Menschen erhoben hat, sollen nämlich die socialen Triebe sein: findet man doch schon bei vielen Tieren, dass sie in Gefahr einander zu Hülfe kommen, sich gegenseitig unterstützen. Ursprünglich sollen die Motive dazu die Eigenliebe, die Selbstsucht, der Egoismus sein; nun erhalten sich aber diejenigen Horden (von Tieren sowohl wie von Menschen) am besten, in denen die verhältnismässig grösste Anzahl

---

[1] Rauwenhoff, der dies stark betont, behauptet (a. a. O. p. 178), dass Kant selbst unter dem „formalen" Charakter des Sittengesetzes eben dies verstanden habe. Nach unserer Meinung mit Unrecht.

von Individuen sich vorfindet, die sich gegenseitig zu unterstützen bereit sind. In beider Hinsicht aber stehe der Mensch auf dem Gipfelpunkt dieser Entwicklung: einmal sei er gerade das animal sociale κατ' ἐξοχήν; dann komme bei ihm in besonderem Masse die intellektuelle Ausbildung fördernd hinzu, die ihn erkennen lasse, dass auch manches, das gegenwärtig keinen Vorteil bringt, ihm auf die Dauer und im Ganzen angesehen doch von Nutzen sei. Denn Nützlichkeit ist nun einmal das einzige Prinzip, das diese ganze Schule kennt. Alsdann werden jene so entstandenen Tugendtriebe vererbt und nach Massgabe des Prinzips der natürlichen Zuchtwahl gesteigert und vermehrt. Ist nun der eigentliche Fehler des Utilitarismus der, dass er das Verhältnis von Motiven und Zwecken umkehrt,[1] so kann man das von den streng evolutionistischen Theorien, z. B. der Darstellung bei Darwin selbst,[2] doch nicht sagen. Indes so oder so, wird mit alledem zur Erklärung der Thatsache, um die es sich handelt, irgend etwas geleistet? Schlechterdings nichts. Wir verkennen keineswegs, dass in allen jenen Darlegungen manche treffliche Fingerzeige zur Aufdeckung des Entwicklungsganges des moralischen Bewusstseins oder richtiger und genauer, des Entwicklungsganges des Inhaltes desselben, enthalten sind; auch liegt uns nichts ferner als etwa die Theorie des Evolutionismus zu bekämpfen. Aber man sage nicht, dass man mit dieser Descendenztheorie das Charakteristische des sittlichen Willens, jenes Grundfaktum der Verpflichtung, zur Genüge erklären oder ohne Rest auflösen könne. Und zwar genügt es, dafür auf uns selbst zu verweisen. Angenommen und zugegeben immerhin, dass in einer ungezählten Reihe von Jahrtausenden Triebe, und zwar zunächst sociale, sich fortgepflanzt und allmählich immer mehr und mehr entwickelt hätten, was müssten wir schliessen, in uns vorzufinden? Triebe, nur in wuchtigerer Art, nur in gesteigerter Gestalt. Nun haben wir auch

---

[1] vgl. Wundt. Ethik¹ p. 340, 364.
[2] Charl. Darwin, deutsch von Carus, Die Abstammung des Menschen u. die geschl. Zuchtw. Erster Teil cap. III.

solche Triebe und kennen sie leider nur zu gut, aber jenes einzigartige Merkmal des sittlichen Bewusstseins, das unmittelbare Wertgefühl der Verpflichtung, geht ihnen gänzlich ab. Wenn man daher behauptet, dass jedes Tier, wenn es mit scharf ausgesprochenen socialen Instinkten versehen ist, ein moralisches Gefühl erlangen würde, wenn sich seine intellektuellen Kräfte soweit als beim Menschen entwickelt hätten,[1] so ist das, bei Licht besehen, eitles Gerede. Vielleicht gewiss; vielleicht auch nicht; jedenfalls kennen wir das tierische Seelenleben zu wenig, um solche Behauptung aufstellen zu können, und vor allen Dingen, wenn es nun etwa geschähe, so wäre das nicht etwas, das wir als notwendiges Schlussglied einer sich entwickelnden Reihe verstehen und recht von Grund aus begreifen könnten, sondern es wäre eben wieder etwas völlig Einzigartiges, etwas schlechthin Unerklärliches, etwas Uebernatürliches.

So wollen wir also etwa das Gewissen — denn das ist ja nur die schon angedeutete Rückseite des sittlichen Willens — als eine dem Ich fremde Thätigkeit ansehen oder es doch wenigstens von den Motiven und Neigungen, welche die Handlung bestimmen, völlig trennen?[2] Ja und nein.

Zunächst übersieht Wundt doch, wenn er die eben angeführte Anschauung bekämpft, jenes formale Moment des sittlichen Bewusstseins, von dem allerdings die Erfahrung bestätigt, dass es von allem Wandel der Zeit frei sei. Doch gesteht dann auch Wundt zu, dass allerdings das Gebiet des sittlichen Handelns eine Eigentümlichkeit darbiete, die Ausbildung imperativer Motive.[3] Nun, so weit waren wir schon; der Utilitarismus wie der Evolutionismus hatten vergeblich versucht, uns diese Ausbildung auf einem rein natürlichen Wege verständlich zu machen. Jetzt unternimmt Wundt etwas Aehnliches. Freilich wollen wir nichts weniger als die Imperative der Pflicht zu rein intellektuellen

---

[1] Darwin, a. a. O.
[2] Wundt, Ethik[1]; p. 415 f.
[3] a. a. O. 417.

Geboten stempeln, aber auch wir halten doch, wie nun bereits aus dem Vorhergehenden deutlich geworden sein wird, eine „rein autonome Entstehung von Imperativen" für unmöglich; auch wir behaupten: „Sätze (wir sagen lieber: Willensregungen, Wertgefühle), welche den Charakter unbedingter Gültigkeit besitzen, können an sich nicht aus (nur) empirischen Motiven hervorgehen.[1]

Dieser Behauptung tritt Wundt zunächst mit zwei allgemeinen Bemerkungen entgegen.[2] Die erste davon beruft sich darauf, dass von einer wirklichen Unbedingtheit der Pflichten nicht die Rede sein könne, was der Konflikt derselben beweise: nun beweist dieser gegen uns wenigstens gerade so wenig, wie der Wechsel der sittlichen Vorstellungen (aus denen wir vermittelst Analogieschlüssen die sittlichen Imperative abnehmen können) in der Folge der Zeiten. Im einzelnen Falle ist doch immer ein unbedingt verpflichtender Bewusstseinsinhalt zu konstatieren. „Es giebt kein noch so heiliges Sittengesetz, welches nicht im einzelnen Falle gerade um der grösseren Heiligkeit der allgemeinen sittlichen Aufgaben willen ausser Acht bleiben müsste" — nun so ist es dann eben die grössere Heiligkeit der allgemeinen sittlichen Aufgaben, die sich für das betreffende Bewusstsein mit einer Unbedingtheit des unmittelbaren Wertgefühles geltend macht.

Sodann verweist Wundt darauf, dass es für die Menschen gar keiner schwer wiegenden Motive bedürfe, um sie dahin zu bringen, Sätze als unbedingt gültig, als ganz sicher und zweifellos anzunehmen. Aber wir wenigstens reden nicht von einem „für unbedingt sicher und wahr halten" (theoretischer) Sätze, also einer willkürlichen Thätigkeit des vorstellenden Bewusstseins, sondern von einem unbedingt verpflichtenden Charakter bestimmter unmittelbar gegebener Bewusstseinsinhalte selbst.

[1] a. a. O. 418. — Wir geben diese Auseinandersetzung so, dass wir voraussetzen, der betreffende Abschnitt bei Wundt (S. 417 ff. = 2. Aufl. S. 484 ff) liege dem Leser vor Augen. Sonst würden wir durch ausführliche Citate zu viel Platz wegnehmen.

[2] Wundt bekämpft hier allerdings eigentlich nur die Ansicht, die in den sittlichen Imperativen reine Vernunftgebote sieht, und insofern ist er mit derselben völlig im Recht, doch ist seine Ausführung so allgemein gehalten, dass sie auch uns treffen würde.

Weiterhin beginnt Wundt die Entstehung der Imperative aufzuzeigen: 4 Quellen, aus denen sie hervorgehen sollen, giebt er an. Erstlich den äusseren Zwang. „Was er zustande bringt, bleibt im günstigsten Falle die unterste Stufe der Sittlichkeit, Legalität der Handlungen, ein äusserer Schein, der zwar ohne wirkliche Sittlichkeit bestehen kann, immerhin aber durch die Verhütung des Sittlich-Anstössigen von Wert bleibt."

Sehr wahr, aber dann bringt eben der äussere Zwang nicht das hervor, was wirklich und eigentlich Imperativ der Pflicht heisst. Ebendies gilt von der zweiten Quelle, dem inneren Zwang, der in all den Einflüssen besteht, welche das Vorbild anderer, sowie die eigene durch Erziehung und Beispiel bedingte Uebung und Gewöhnung des Willens äussere. — Wer hätte nicht den gewaltigen Einfluss solcher Vorbilder erfahren? — aber im Imperativ des Pflichtbewusstseins, wenn anders wir nicht um Worte streiten wollen, liegt mehr als solche, sei es liebreiche, sei es egoistische Rücksichtnahme und Anpassung. Wohl kann das Pflichtbewusstsein in solchen Verhältnissen seinen Inhalt finden, aber es selbst ist eben etwas anderes. Wundt selbst unterscheidet diesen „Schein der Tugend von der wirklichen Tugend."

Es folgen die Imperative der Freiheit: zunächst der der inneren Befriedigung: doch ist hiermit nur ein Teil des sittlichen Bewusstseins und zwar eines solchen auf höherer Stufe wiedergegeben, nicht wirklich „die Quelle" aufgezeigt, aus der dasselbe natürlich hervorgeht. Und wieder muss eben dies von dem letzten der imperativen Motive, der Vorstellung des sittlichen Lebensideals gelten.

„Ein heil'ges Bild schwebt jedem Bessern vor,
In dessen Züg' er strebt sich zu gestalten".[1]

Wenn Wundt hier mit Recht hervorhebt, dass dies Ideal kein gewordenes und ein für allemal gegebenes, sondern ein ewig werdendes, nie zu vollenden-

---

[1] Schleiermacher; bei Dilthey, Leben Schleierm. p. 467.

des sei, so meinen wir, hätte er auf der andern Seite daneben betonen sollen, wie doch bei diesem geschichtlichen Entwicklungsprozess das formale Moment, welches das eigentliche Charakteristikum des sittlichen Bewusstseins bildet, immer dasselbe sei.

Nun aber fügt Wundt zu diesen Erörterungen noch einen Absatz hinzu, betitelt „die religiöse Form der sittlichen Imperative", wo er zeigt, dass alle jene sittlichen Imperative zuerst in religiöser Gestaltung auftreten. Und hier sagt er schliesslich, dass die Imperative des Gewissens den eigentlichen Inhalt der religiösen Vorstellungen ausmachen, insonderheit der letzte derselben, „da er das Ideal schliesslich als eine unvollendbare Aufgabe anerkennt." So schliesse dieser also die Idee in sich, welche der Religion ihren Wert giebt, „die Idee einer unvollendbaren und daher an sich transscendenten sittlichen Aufgabe." Nun, so gilt's also letztlich nicht eine „Quelle aufzuzeigen", sondern ein „an sich Transscendentes" zu konstatieren. Nur scheint uns Wundt hier seinerseits halb in den Fehler zu verfallen, den er vorher selbst gerügt, nämlich den, die Reflexion für die Sache zu nehmen.[1] Denn diese Idee einer unvollendbaren und an sich transscendenten Aufgabe liegt doch nicht allein in der Vorstellung von einem Ideal, — und wäre es so, dann wäre wieder dem Einwand nichts Endgültiges entgegenzuhalten, dies Ideal sei ein eingebildetes, das Erzeugnis einer „energischen Subjektivität". Nun aber ist's nicht so; sondern eben jenes Unvollendbare und an sich Transscendente finden wir bei der Analyse jedes sittlichen Bewusstseinsinhaltes, wenn wir denselben in die Sprache des diskursiven Denkens übersetzen. Denn da ist eben ein unmittelbares, unbedingt verpflichtendes Wertgefühl einer Willensspannung. Wollte aber jemand nach Massgabe des von Wundt gebrauchten Wortes „unvollendbar" hiergegen einwenden, bei dem von uns Vorgetragenen fehle

---

[1] Wie dies, so erinnert auch die Einseitigkeit, die in diesen Bemerkungen über das Eigentliche der Religion unzweifelhaft vorliegt, lebhaft an Kant.

ja gerade dies Unvollendbare, so ist die Nichtigkeit solchen Einwandes leicht blosszustellen. Denn auch wer ein Ideal vorstellt, stellt es doch nicht eigentlich (recht absichtlich) als ein unvollendbares oder unerreichbares vor, vielmehr ist das Gegenteil der Fall: aber es erweist sich ihm alsbald als unvollendbar, dies aber wieder nur infolge des unbedingt verpflichtenden Charakters, mit dem es sich im Bewusstsein geltend macht. Oder aber, wenn doch von vornherein das Ideal als unvollendbar vorgestellt wird, so geschieht das wenigstens nur um jenes Bewusstseinsinhaltes willen. Und etwas Aehnliches treffen wir nun beim sittlichen Bewusstsein überhaupt an. Die Verbindlichkeit des Sittengesetzes nämlich tritt in diesem erst hervor, nachdem eine Gewissensregung bezeugt hat, dass man demselben nicht Genüge gethan hat. Die sittliche Beurteilung geht in der Geschichte des Einzelindividuums der anderen Form des sittlichen Bewusstseins, der Verbindlichkeit (Verbindlichkeit im vollsten, oben entwickelten Sinne) voran. Die sittliche Besserung beginnt mit einer verurteilenden Selbstmissbilligung und Unzufriedenheit, hebt an mit Reue und Scham.

Wir antworteten vorher auf die Frage, ob wir das Gewissen von den Motiven und Neigungen trennen wollten, mit Ja und Nein. Wir haben diese doppelzüngige Antwort zu begründen. Diese Erörterung umfasst, wie ersichtlich, das sogenannte Problem der Freiheit des Willens, dieses „grosse Grübelproblem der modernen Menschheit."[1] Darauf werden wir auch durch die ganze letzte Auseinandersetzung geführt. Denn augenscheinlich setzt dieselbe beim Menschen Verantwortlichkeit voraus: was hätte es für einen Sinn, von einem unbedingt verpflichtenden Gesetz zu reden, wenn der Mensch mit unumgänglicher Naturnotwendigkeit zu allen seinen besonderen Handlungen veranlasst würde?

Wir werden also die Auseinandersetzung mit diesem wichtigen Problem hier einschieben müssen.

---

[1] Windelband, Präludien 211.

Kann der Mensch thun, was er will? Ist zu behaupten, dass ein Mensch, der eine bestimmte Handlung vollführt hat, unter genau denselben inneren und äusseren Umständen eine andere, vielleicht entgegengesetzte hätte ausführen können? Diese genaue Fixierung der Frage wird hinreichen, die Verneinung derselben als selbstverständlich erscheinen zu lassen. Fügen wir zum Ueberfluss hinzu, dass durch eine solche Freiheit, die man lieber pure Zufälligkeit nennen sollte, jede Beeinflussung und Erziehung ausgeschlossen werden würde,[1] dass weiter die statistische Wissenschaft dieselbe als nicht vorhanden erwiesen hat.[2]

Die „Unphilosophie"[3] eines solchen Indeterminismus können wir also nicht vertreten. Und doch haben sich Männer wie Kant und Schopenhauer zu etwas Aehnlichem verleiten lassen! — Wohl geht Kant ursprünglich aus von der Würde und dem unbedingten Wert des sittlichen Willens; dann aber verbindet er hiermit seine positive Weltanschauung: das Sittengesetz eignet dem Menschen nur, insofern er der intelligiblen Welt, dem Reich der Dinge an sich angehört. Nur die Lehre von der Subjektivität der räumlich-zeitlichen Erscheinungsform der Welt löst die Rätsel der moralischen Erscheinungen. So ist „das moralische Gesetz in der That ein Gesetz der Kausalität durch Freiheit."[4] Daher „stehen die Handlungen einerseits zwar unter einem Gesetz, das kein Naturgesetz, sondern ein Gesetz der Freiheit ist, gehören folglich zu dem Verhalten intelligibler Wesen, aber andrerseits doch auch als Begebenheiten in der Sinnenwelt zu den Erscheinungen."[5] Nun aber bleibt

[1] vgl. Riehl. a. a. O. I$_2$ p. 249. v. Gizycki. a. a. O. 240. — Drobisch, die moralische Statistik u. die menschliche Willensfreiheit p. 63. Schopenhauer, Ueber die Freiheit des menschl. Will. 65. Wundt, Ethik[1] 409.
[2] Drobisch a. a. O. 55 fasst sein Ergebnis folgendermassen zusammen: „Wenn daher nur ein motivloser Wille Anspruch darauf hat, als freier zu gelten, so leugnet die moralische Statistik entschieden, dass es in diesem Sinn einen freien Willen gebe."
[3] Dilthey, Leben Schleierm. 135.
[4] Krit. d. pr. V. Elementarl. Analyt. Erst. Hauptst. I. ed. Kirchm. p. 57.
[5] a. a. O. Analyt. Zweites Hauptst. ed. K. 78.

es bei Kant nicht bei einer einfachen doppelten Betrachtungsweise, sondern der freie Wille greift doch in den Kausalzusammenhang des natürlichen Geschehens ein, eine intelligible That macht den absoluten Anfang einer Kausalreihe in der Erscheinungswelt. „Es muss eine Kausalität angenommen werden, durch welche etwas geschieht, ohne dass die Ursache davon noch weiter durch eine andere vorhergehende Ursache nach notwendigen Gesetzen bestimmt sei, d. h. eine absolute Spontaneität der Ursachen, eine Reihe der Erscheinungen, die nach Naturgesetzen läuft, von selbst anzufangen, mithin transscendentale Freiheit, ohne welche selbst im Laufe der Natur die Reihenfolge der Erscheinungen auf der Seite der Ursachen niemals vollständig ist." — „Wenn ich jetzt (zum Beispiel) völlig frei und ohne den notwendig bestimmenden Einfluss der Naturursachen von meinem Stuhle aufstehe, so fängt in dieser Begebenheit samt deren natürlichen Folgen ins Unendliche eine neue Reihe schlechthin an, obgleich der Zeit nach diese Begebenheit nur die Fortsetzung einer vorhergehenden Reihe ist. Denn diese Entschliessung und That liegt garnicht in der Abfolge blosser Naturwirkung und ist nicht eine blosse Fortsetzung derselben, sondern die bestimmenden Naturursachen hören oberhalb derselben in Ansehung dieses Ereignisses ganz auf, die zwar auf jene folgt, aber daraus nicht erfolgt und daher zwar nicht der Zeit nach, aber doch in Ansehung der Kausalität ein schlechthin erster Anfang einer Reihe von Erscheinungen genannt werden muss".[1]

Und Schopenhauer, der im zweiten und dritten Abschnitt seiner Schrift „Ueber die Freiheit des Willens" den Indeterminismus aufs schärfste bekämpft, lehrt dann doch im fünften (ebenso wie an anderen Stellen seiner sonstigen Schriften) eine „wahre moralische Freiheit, welche höherer Art ist", begreifen.[2] Und zwar beruft sich Schopenhauer hier ganz auf

---

[1] Krit. d. r. V. Transsc. Elementarl. II. Teil, II. Abt., II. Buch, II. Hauptst., II. Abschn., III. Antinomie, ed. Kirchm. p. 376 u. 378,
[2] Die beiden Grundprobleme der Ethik, 4. Aufl. S. 93.

Kants Unterscheidung von empirischem und intelligiblem Charakter, von empirischer Realität und transscendentaler Idealität, die er als das „Schönste und Tiefgedachteste," was dieser grosse Geist, ja was Menschen überhaupt gedacht haben"[1]. bezeichnet. Doch erhält diese Freiheit bei Schopenhauer noch ihre eigene Gestaltung. Sie kommt nämlich nicht den einzelnen Thaten, sondern dem Charakter des Menschen zu; „sein intelligibler Charakter, d. h. sein Wille als Ding an sich" ist es, dem „in solcher Eigenschaft allerdings auch absolute Freiheit, d. h. Unabhängigkeit vom Gesetz der Kausalität (als einer blossen Form der Erscheinungen) zukommt."[2] Dieser Charakter muss gedacht werden als des Menschen freie That;" die Freiheit, welche im operari nicht anzutreffen sein kann, muss im esse liegen."[3] Seine Meinung ist also: ἔχειν μὲν τὸ αὐτεξούσιον τὰς ψυχὰς πρὶν εἰς σώματα καὶ βίους διαφόρους ἐμπεσεῖν εἰς τὸ ἢ τοῦτον τὸν βίον ἑλέσθαι ἢ ἄλλον;[4] nun das ist Schopenhauersche Privatmetaphysik.—Aber wie sind die beiden grossen Männer zu solchen Annahmen gekommen? Kants ganze Konstruktion seines doppelten Weltgebäudes verdankt ihr Entstehen letztlich der moralischen Energie ihres Verfassers, seinem Bestreben eine Neubegründung der Ethik zu schaffen. „Ich musste also das Wissen aufheben, um zum Glauben Platz zu bekommen"[5]. Und Schopenhauer bezeichnet ausdrücklich, was ihn nach Verwerfung des Indeterminismus doch bewegt, denselben wieder zu vertreten: „das völlig deutliche und sichere Gefühl der Verantwortlichkeit."[6] Also eben das, was uns auf diese Untersuchung geführt hat.

Aber haben wir schon oben gesehen, dass eine Freiheit des Willens, die thatsächlich eine reine Zufälligkeit wäre, dem Bewusstsein der Verantwortlichkeit nicht nützen oder vielmehr mit diesem gar nicht zu-

---

[1] a. a. O. S. 95.
[2] a. a. O. p. 96 cf. 177.
[3] a. a. O. S. 97.
[4] a. a. O. S. 178 aus dem von Schopenhauer angezogenen platonischen Mythos.
[5] Vorrede zur 2. Aufl. der Krit. der r. Vern. ed. Kirchm. p. 36.
[6] Schopenhauer, Freiheit des Willens p. 93. cf. Grundlage der Moral p. 178.

sammen bestehen könnte, so fragt sich also, was denn
für dasselbe wirklich erforderlich ist. Ein Bewusstsein
der Verantwortlichkeit setzt Wahlfreiheit voraus, es
muss in des Menschen Macht, in seiner Willkür ge-
standen haben, diesem oder jenem Motive zu folgen.
Sehen wir uns also die Motive an, die den Menschen
zu bewegen pflegen: da sind einmal die Lüste und
Leidenschaften, da sind andrerseits Vorstellungen, Ueber-
legungen. Bevor wir eine Handlung ausüben, lassen
wir mancherlei Gründe für und wider an uns vorüber-
gehen, oder wir erinnern uns an die sittlichen Maximen,
die sonst für uns Geltung haben, um uns danach zu
entscheiden. Also sind diese intellektuellen Prozesse
die — Motive unseres Handelns? Schon das Wort zeigt
uns, dass wir damit nur die alte Frage wieder haben;
denn zum Handeln führt ja allein eine Energie, eine
innere Spannung. Glaubt man die Frage damit ab-
gethan zu haben, dass man sagt, für jeden Willensentschluss müssten Motive vorausgesetzt werden, so ist
damit eigentlich gar nichts gesagt, sondern die Frage
nur ein wenig zurückgeschoben. Einen eigenen Willen,
ein Willensvermögen, kennen wir nicht, sondern nur
Strebungen und Wollungen, wenn wir so wollen nur
Motive. Wie also diese bestimmt werden, das ist's, um
was es sich handelt. Und da sind ja nun die mit jeder
Willensregung stets verbundenen Vorstellungsreihen von
grosser Bedeutung, und eben deshalb die geschichtlichen
Bedingungen, denn in diesen entstehen jene. Gewiss,
bestimmte Vorstellungsinhalte sind es, die den Menschen
dahin bringen, dass bessere Motive über seine egoistischen Leidenschaften die Herrschaft gewinnen, und
insofern kann man wohl sagen, dass der Mensch die
Freiheit, d. h. also die Wahlfreiheit, erst in der Geschichte erlange. Doch sagt Drobisch treffend: „Die
Moralität eines jeden ist das Produkt seiner äusseren
und inneren Lebensgeschichte, zu welch letzterem aber
sein eigenes Wollen gehört.[1] Ob der Mensch diesen oder
jenen seine Willensregungen begleitenden Vorstellungen
folge, das hängt letztlich wieder nicht von diesen, sondern
von jenen, den inneren Spannungen, ab. Dass diese im

---

[1] Drobisch, a. a. O. p. 91.

allgemeinen bestimmt werden können, ist eine Thatsache, die wir täglich erfahren. Aber wie sie bestimmt werden, das ist nun recht eigentlich das punctum saliens. Herrscht hier eine Kausalität, wie wir sie im Naturmechanismus voraussetzen, eine Kausalität nämlich, die eine Erhaltung, d. h. also ein Sichgleichbleiben der Kraft bedeutet?[1] Wäre es so, dann gäbe es in der That keine Wahlfreiheit, die diesen Namen verdiente, keine mit Selbstbewusstsein vorzunehmende Bestimmbarkeit des Willens.

Nun aber zeigt auch schon wieder jene Formulierung der Frage, dass eine Bejahung derselben auf den krassesten Materialismus führen würde. Denn da das Prinzip der Aequivalenz von Ursache und Wirkung seine Anwendung findet auf materielle Bewegungsvorgänge, so bliebe nur übrig, die Analogie hierzu in der Bewegung der Moleküle der Grosshirnrinde, die als solche bestimmte Vorstellungen präsentierten, zu erblicken. In der Abfolge solcher Vorstellungsassoziationen hat man denn auch vielfach das psychische Leben des Menschen erblickt.[2] Nun aber haben wir oben gefunden, dass das geistige Leben etwas schlechthin anderes und einzigartiges sei, dass man aus der notwendigen Unterlage und Bedingung, welche die physiologischen Prozesse für das psychische Leben allerdings abgeben, nie die einzige und ausreichende Ursache hätte machen sollen.[3] So kommen wir also schliesslich doch immer wieder auf die inneren Wollungen und Strebungen zurück als die letzten Phänomene, die wir konstatieren können. „Für die Beurteilung der einzelnen empirischen Willenshandlungen bleibt jede einzelne Willenshandlung eine schöpferische That, welche ein Ausfluss der Kausalität des Wollenden selbst ist."[4] Und so vertreten wir also, was Kant eigentlich gewollt, was Schopenhauer im Sinne gehabt hatte, nur nicht in metaphysischer Gestalt, nur in kritisch gesichteter Form.

---

[1] vgl. Wundt, Grundzüge der physiol. Psychol.³ II 481 ff. = 4. Aufl. II. 575 ff. — Ethik p. 399. 402 ff. — System der Philosophie 301 ff.
[2] Wir verweisen auf v. Nägeli, Mechanisch-physiolog. Theorie der Abstammungslehre, p. 676—677.
[3] vgl. Lotze, Mikrokosmus I⁴ S. 164 ff.
[4] Wundt, Grundz. der phys. Psych. 3 Aufl. II_{484}.

Das war der Fehler gewesen, dass man das Gesetz der Aequivalenz von Kraft und Wirkung, das doch schliesslich nur eine Hypothese zur Erklärung der Erscheinungen der Aussenwelt ist, auf das Geistesleben übertrug. So sagt Kant von dem menschlichen Leben in der natürlichen Welt (im Gegensatz zur transscendentalen): „Alle Handlungen des Menschen in der Erscheinung sind aus seinem empirischen Charakter und den mitwirkenden anderen Ursachen nach der Ordnung der Natur bestimmt, und wenn wir alle Erscheinungen seiner Willkür bis auf den Grund erforschen könnten, so würde es keine einzige menschliche Handlung geben, die wir nicht mit Gewissheit vorhersagen und aus ihren vorhergehenden Bedingungen als notwendig erkennen könnten."[1]

Es sind fast dieselben Worte, mit denen einer der bedeutendsten Vertreter der Uebertragung der naturwissenschaftlichen Methoden auf die Geisteswissenschaft aus jüngster Vergangenheit, mit denen Stuart Mill das Ideal der Geisteswissenschaft zeichnet: „.... wenn sie uns in den Stand setzte, mit derselben Gewissheit vorauszusagen, wie ein Individuum sein ganzes Leben hindurch denken, fühlen und handeln wird, womit die Astronomie uns erlaubt, die Orte und Verfinsterungen der Himmelskörper vorauszusagen."[2]

Wir kehren nunmehr nach Erledigung dieses vorausgenommenen Problems zu unserer Erörterung zurück.

Wir hatten gesehen, dass die psychologische Analyse der thatsächlichen, vorliegenden Bewusstseinsinhalte Willensregungen aufzeigt, die verbunden sind mit dem Gefühl eines unbedingten Wertes. Wir haben nun weiter gefunden, dass eine Erörterung des Problems, das unter dem Namen des Problems des Determinismus und Indeterminismus bekannt ist, hiergegen keinerlei Einwände erheben kann.

Weder kennen wir einen für jeden Augenblick

---

[1] Krit. d. r. V. Transsc. Elementarl. II. Teil, II. Abt., II. Buch, II. Haupst., 2 Absch. No. III. ed. Kirchm. p. 447.
[2] Stuart Mill, Deduktive u. induktive Logik, deutsch von Schiel II³ 452.

zufälligen Ablauf unserer Willensregungen, noch ist es andrerseits gerechtfertigt, den Mechanismus des Naturgeschehens auf unser Geistesleben zu übertragen. Wir müssen uns mit dem begnügen, was wir in Wirklichkeit vorfinden. Und das war also ein schlechthin und unbedingt verpflichtendes Wertgefühl einer Willensregung. Dies konstatiert die psychologische Analyse und damit konstatiert sie ein unmittelbar im Bewusstsein gegebenes Uebermenschliches, Uebernatürliches, Transscendentes. Wir bedienen uns zunächst keines Schlussverfahrens, wir sprechen aus, wir decken auf, wir weisen nach. Aber dies durch analysierende Selbstbeobachtung gefundene Resultat wird, wie wir oben skizzierend zu zeigen versucht haben, als ein für Menschen allgemeingültiges bestätigt durch die historisch-vergleichende Forschung. Wir meinen also, dass die Thatsachen des sittlichen Bewusstseins der Wissenschaft als Erkenntnisgrund für die Wahrheit der religiösen Lebensanschauung, d. h. der Annahme einer übermenschlichen transscendenten Macht dienen könne und müsse. Wir wollen keineswegs Religion und Sittlichkeit mit einander identifizieren, oder gar die erstere in den Dienst der letzteren stellen, so dass wir etwa „alle Religion darin bestehen liessen, dass wir Gott für alle unsere Pflichten als den allgemein zu verehrenden Gesetzgeber ansähen",[1] oder dass wir der Ansicht huldigten, „dass die moralische Besserung des Menschen den eigentlichen Zweck aller (Vernunft) religion ausmache",[2] aber wir meinen, dass, wie Religion und Sittlichkeit letztlich aus ein und derselben Wurzel erwachsen sind, nämlich aus dem im Bewusstsein gegebenen Wertgefühl eines Höheren, den Menschen Bestimmenden, so eben diese Bewusstseinsinhalte einmal dem Einzelnen die unmittelbarste und gewisseste Sicherheit seines Gottesglaubens verbürgen, andrerseits der wissenschaftlichen Reflexion

---

[1] Kant. Religion innerhalb etc. I. Abt. V. ed. Kirchm. p. 122.
[2] a. a. O. I. Abt. VI; ed. Kirchm. p. 132.

Erkenntnisgrund für die Berechtigung eben dieses Glaubens werden können.

Wir thun jetzt noch einen weiteren Schritt. Wir hatten uns zur Anerkennung eines Transscendenten, eines Uebernatürlichen, genötigt gesehen. — Wir können ja nicht umhin, auf dieses Transscendente, was wir bei der Analyse des menschlichen Innenlebens gefunden haben, die Begriffe des vorstellenden Bewusstseins anzuwenden. Bleiben wir uns dieser Thatsache nur bewusst, dann können wir nun aber auf jenes Transscendente die Bezeichnung „sittliche Persönlichkeit" als die relativ berechtigteste übertragen. Dass in dem Begriff nichts enthalten sei, was einer unbedingten Absolutheit widerspricht, hat Ritschl nachgewiesen[1], und wenn Rauwenhoff das uralte, in unserm Jahrhundert mit besonderem Nachdruck von Strauss betonte Bedenken nochmals erneuert[2], so finden wir darin nichts, das eine Revision des Urteils veranlasssen könnte. — Wohl liegt für die ganze Anlage, in der Ritschl seinen Gottesbegriff entwickelt, jener Ausdruck (Persönlichkeit) näher; aber auch für uns ist er notwendig. Denn da wir den Erkenntnisgrund für die Berechtigung des Gottesglaubens in dem sich entwickelnden sittlichen Bewusstsein der Menschheit gefunden haben, so erweist sich uns nun auf diese Weise — also für die nachträgliche Reflexion — die Gottheit als die Macht, welche die Erziehung des Menschengeschlechts leitet, und die also die Kraft haben muss „alles in den Plan des Lebens so aufzunehmen, dass es als sicher gehandhabtes Mittel in denselben eingegliedert werde".[3]

Wir erläutern, ergänzen und verteidigen jetzt unsere Absicht und Darlegung, indem wir verwandte Auffassungen besprechen. Wir haben oben davon abgesehen, unserer ganzen Erörterung eine historische Betrachtung solcher Werke voranzustellen, die ausgesprochenermassen einen moralischen Beweis für das

---

[1] Rechtfertig. u. Versöhn. Band III cap. IV § 30: besonders p. 218 (2. Aufl.); 221 (3. Aufl.)

[2] Rauwenhoff a. a. O. p. 526. — Das Bedenken ist u. W. zum ersten Mal bei Karneades nachzuweisen.

[3] Ritschl, a. a. O. p. 218 (221).

Dasein Gottes liefern wollten, also mit uns im vorgesteckten Ziel übereinstimmten. Dagegen ist es jetzt für uns von Wichtigkeit, unsere Arbeit mit einer Betrachtung solcher Aufstellungen zu beschliessen, mit denen sich die unsere in der Methode, im Ausgangspunkt der Untersuchung, berührt oder doch zu berühren scheint. Und da ist es zunächst Schleiermacher, dessen hier in Betracht kommende Aufstellungen berücksichtigt werden müssen, da er — wenigstens in der neueren Zeit — der erste war, der die Wichtigkeit einer Untersuchung der inneren Erfahrung für die Probleme des religiösen Bewusstseins erkannt und ins Licht gestellt hat. Aus der neuesten Zeit aber ist es Rauwenhoff, dem wir in vieler Hinsicht am nächsten kommen.

Schleiermacher hat die Wichtigkeit der psychologischen Analyse frühzeitig erkannt. Wir wissen, dass er schon in seiner Studienzeit oder doch gleich nachher über Selbstbeobachtung schreiben wollte.[1] Von einer solchen gehen die Reden über Religion und die Monologe aus. Wir betrachten zunächst den Standpunkt der Reden, in denen, wie Bender mit Recht erinnert,[2] Schleiermacher „das Programm seiner religionsphilosophischen Stellung jederzeit anerkannt hat." Die eigentliche Absicht des Redners über die Religion ist die, zu zeigen, „aus welchen Anlagen der Menschheit die Religion hervorgeht."[3] „Dass sie aus dem Innern jeder besseren Seele notwendig von selbst entspringt, dass ihr eine eigene Provinz im Gemüt angehört, in welcher sie unumschränkt herrscht, . . . das ist es was ich behaupte."[4] Und zu diesem Zweck hebt Schleiermacher an mit dem „schneidenden Gegensatz, in welchem sich die Religion gegen Moral und Metaphysik befindet[5]." Wohl haben sie alle drei dasselbe Objekt — das Universum; aber das „Wesen (der Religion) ist weder Denken noch Handeln, sondern

---
[1] vgl. Dilthey, Leben Schleierm. p. 84.
[2] Bender, die Theologie Schleiermachers I 156.
[3] Schleierm. Reden ed. Pünjer p. 15 (1 Aufl. 20).
[4] ed. Pünjer p. 28 (1. Aufl. 37).
[5] ed. Pünjer p. 45 (1. Aufl. 50).

Anschauung und Gefühl.[1] „Praxis ist Kunst. Spekulation ist Wissenschaft. Religion ist Sinn und Geschmack fürs Unendliche.[2]" Und zwar sind Anschauung und Gefühl ursprünglich eins, erst die Reflexion trennt zwischen beiden.[3] Es ist vielleicht ein Vorzug der ersten Auflage, dass die Bedeutung der Anschauung neben der des Gefühls stark hervorgehoben wird, weil dadurch eine bald zu erwähnende Einseitigkeit abgeschwächt wird. Schon in der zweiten Auflage nämlich tritt das Gefühl durchaus in den Vordergrund. Und damit ist der Zusammenhang mit der späteren Konzeption in der Glaubenslehre, der Psychologie und Dialektik hergestellt. Was in den Reden Gefühl des Universums, die Gemeinschaft mit dem Universum, das Innewerden des Universums (lauter Ausdrücke, die an die Stelle des „Anschauens" der ersten Auflage treten) ist, das ist in der Glaubenslehre das schlechthinige Abhängigkeitsgefühl.

Betrachten wir diese Ausführungen zunächst auf ihren allgemeinen Gehalt, so werden wir eingestehen müssen, dass derselbe im wesentlichen mit unsern eigenen oben gegebenen Ausführungen übereinstimmt. Es ist das innere Erleben eines Uebermenschlichen, Uebermächtigen, eines den Menschen Bewältigenden. — Doch ist, was in den Reden, zunächst der ersten Auflage, vorliegt, augenscheinlich eine Art Pantheismus, allerdings kein Pantheismus, wie ihn die philosophische Spekulation auszubilden pflegt, der seinen Kern hat in der Annahme der Inhärenz alles Endlichen in einem Unendlichen, sondern es ist ein echt religiöser Pantheismus der, wohin er blickt, ein Höheres ahnt, der in und hinter allem Endlichen ein Unendliches sieht, der, wollen wir uns doch in philosophischen Terminis ausdrücken, allein die Immanenz des Unendlichen in allem Endlichen behauptet. So war's im Brahmanismus, bevor er durch philosophische Spekulationen entstellt wurde. „Und so greift das Denken bald ein Gebiet von Erscheinungen für sich allein zu einer Einheit zusammen, erkennt es als

---
[1]) ed. P. p. 46 (1. Aufl. 50).
[2]) ed. P. p. 49 (1. Aufl. 53).
[3]) ed. P. p. 75 (1. Aufl. 72).

geeinigt in einer gemeinsamen Wurzel, bald überfliegt der Gedanke alle Schranken und spricht es aus: das und jenes ist das All. Und dann lässt er das Ergriffene wieder fahren, das Eine, das eben noch das All sein sollte, verliert sich wieder in dem flutenden Gedränge aller Potenzen."[1] „Den Atman, der in Allem wohnt, den deute du mir, der Atman, der in Allem wohnt, was ist das, o Yajnavalkya?"[2]. Und haben wir dazu nicht Parallelen in allen Naturreligionen? So berichtet Waitz die Aussage eines Dakota, dass „nichts sei, das sie nicht als Gottheit verehrten."[3] — Wohl sind hier wieder animistische Motive mit im Spiel, aber hier ist auch der Ort, wo diese mit den religiösen in unauflöslicher Verknüpfung stehen. — Daneben halten wir nun die Worte der ersten Auflage der Reden: „Das Universum ist in einer ununterbrochenen Thätigkeit und offenbart sich uns jeden Augenblick. Jede Form, die es hervorbringt, jedes Wesen, dem es nach der Fülle des Lebens ein abgesondertes Dasein giebt, jede Begebenheit, die es aus seinem reichen immer fruchtbaren Schosse herausschüttet, ist ein Handeln desselben auf uns: und so alles Einzelne als einen Teil des Ganzen, alles Beschränkte als eine Darstellung des Unendlichen hinnehmen.[4] das ist Religion."

Das also ist der Ausgangspunkt Schleiermachers,

---

[1]) Oldenberg, a. a. O. p. 25.
[2]) Oldenberg a. a. O. p. 32. Aus dem Brâhmana der hundert Pfade.
[3]) Waitz-Gerland, a. a. O. III 191.
[4]) Die ganze Stelle: Pünjer p. 55—57, ed. 1. p. 56; für jenes „hinnehmen == anschauen schreibt (sehr bezeichnend) schon die zweite Auflage: „in unser Leben aufnehmen und uns davon bewegen lassen" (Pünjer p. 59); gleich darauf folgt ein Beispiel von den Alten, und es heisst dann (1. Aufl.): „sie hatten eine eigentümliche Handelsweise des Universum in ihrer Einheit angeschaut und bezeichneten so diese Anschauung", dafür in der 2. Auflage: „sie hatten .... ein bestimmtes Gefühl in sich aufgenommen und bezeichnete dieses so." cf. 1. Aufl. p. 57: „Alle Begebenheiten in der Welt als Handlungen eines Gottes vorstellen"; dafür in der 2. Aufl.: „Alles im Gefühl uns Bewegende in seiner höchsten Einheit als eins und dasselbe zu fühlen." Weitere Belege hierzu finden sich fast auf jeder Seite.

und nun verstehen wir auch, weshalb zunächst die Anschauung in den Vordergrund tritt. Aber immerhin auch das ist Pantheismus; wie kommt Schleiermacher dazu? Mag er immer dazu von Jugend auf, so zu sagen, prädestiniert gewesen sein[1], mögen Einflüsse litterarischer und zeitgenössischer Bekanntschaften ihn bestimmt haben, jedenfalls ist er wie wir von der Analyse des menschlichen Bewusstseins ausgegangen, und gelangt zu einem so verschiedenen Resultat. Wir müssen also die Punkte aufsuchen, die solches möglich machen.

Und da weisen wir zunächst darauf hin, dass Schleiermacher nicht gleichmässig auf die letzten und einfachsten Bewusstseinsinhalte zurückgeht. Er spricht von Religion, die Anschauung und Gefühl sei, im Gegensatz zur Metaphysik und Moral[2], und auch in der Glaubenslehre stellt er dem Gefühl oder unmittelbaren Selbstbewusstsein das Wissen und Thun gegenüber[3]. Damit koordiniert er aber ganz ungleichartige Bestandteile. Denn Wissen und Thun sind keine einfachen Bewusstseinsthatsachen. So kommt es, dass man Schleiermacher bei allen seinen Abgrenzungen zunächst Recht geben muss, um dann doch sogleich zu fragen, aber was folgt denn daraus? Wäre Schleiermacher, anstatt Wissen und Thun zu nennen, auf das Vorstellen und Wollen, auf Vorstellungsinhalte und Strebungen zurückgegangen, dann hätte er das Gefühl nicht in der Weise isolieren können, wie er es thatsächlich thut, wenn er ja auch das Gefühl „keineswegs von aller Verbindung mit dem Wissen und Thun ausgeschlossen wissen will."[4] Mit dem Vorstellen verbindet er es auch wirklich insofern näher, als er zunächst die Anschauung neben dem Gefühl nennt: doch tritt sie, wie wir sahen, immer mehr zurück. Der religiöse Prozess beschränkt sich ganz auf die rezeptive, auf die passive Seite.

---

[1] vgl. sein Geständnis an Sack: Briefwechsel III 282: „meine Denkungsart . . hat in der That keinen anderen [Grund] als meinen eigentümlichen Charakter, meine angeborene Mystik".
[2] Reden ed. Pünjer p. 35 ff. (= 1. Aufl. p. 41 ff.)
[3] Der christl. Glaube § 3.
[4] Der christl. Glaube § 3⁴; 5. Aufl. p. 10.

Ganz besonderen Nachdruck aber möchten wir darauf
legen, dass das Gefühl von allen Willensspannungen
abgetrennt wird. Hier liegen falsche psychologische Annahmen vor. Wir haben oben in der
inneren Erfahrung geschieden zwischen Vorstellungen und
inneren Spannungen, dem Gefühl im Sinne Schleiermachers also überhaupt keine primäre Stelle angewiesen, sondern es nur als die eine, so zu sagen, die
qualitative Seite der inneren Strebungen anerkannt,
die aber ohne jene nicht vorkommen: und in diesem
Sinne sprachen wir dann in einer mit der Schleiermacherschen nicht zu verwechselnden Terminologie von
Wertgefühlen, d. h. inneren Regungen, deren (von
ihnen unabtrennbare) Gefühle einen bestimmten Wert
zum Bewusstsein bringen. Dass Schleiermacher das
Gefühl fälschlich isoliert, das ermöglicht ihm allein
alle seine falschen Folgerungen. Nur so kommt er zu
Ausführungen, von denen man meinen könnte, der
indische Mystizismus müsste ihnen als Ideal vorgeschwebt haben: „Die religiösen Gefühle lähmen ihrer
Natur nach die Thatkraft des Menschen und laden
ihn ein zum stillen, hingegebenen Genuss: daher auch
die religiösen Menschen, denen es an anderen Antrieben
zum Handeln fehlte, und die nichts waren, als religiös,
die Welt verliessen und sich ganz der müssigen Beschauung ergaben."[1] So kann er sagen, der Mensch
„solle alles mit Religion thun, nichts aus Religion."[2]
Und daher kommt es dann, dass er sich für seine
Erörterungen auf die Erfahrungen des sittlichen Lebens
gar nicht beruft, auf die wir nachdrücklichst hingewiesen, ja die wir unserem positiven Beweisverfahren,
als allein zum Ziele führend, zu Grunde gelegt haben.
Und so sehen wir denn auch, dass Schleiermacher
(zunächst in der ersten Auflage der Reden) zu einem
positiven Resultate nicht kommt, wir meinen, dass er
die Berechtigung und Notwendigkeit zum Glauben an
einen persönlichen Gott nicht darthut. Vielmehr
erklärt er ausdrücklich: „ich will euch klar zu machen
suchen, dass für mich die Gottheit nichts Anderes

---

[1] Reden, ed. Pünjer p. 72 (1. Aufl. p. 69).
[2] ed. P. 71 (1. Aufl. 69).

sein kann, als eine einzelne, religiöse Denkungsart, von der wie von jeder anderen die übrigen unabhängig sind, und dass auf meinem Standpunkt . . . . . der Glaube ‚kein Gott, keine Religion' gar nicht stattfinden kann."[1] Der Gedanke Gottes kann sich auf jeder Stufe der religiösen Entwicklung einstellen, er kann aber auch überall fehlen, selbst in der höchsten. Die Phantasie allein ist es, welche diesen Begriff bildet: „welche von diesen Anschauungen des Universums ein Mensch sich zueignet, das hängt ab von der Richtung seiner Phantasie."[2]

Aber anders ist es schon in der zweiten Auflage der Reden, hier werden alle derartigen Sätze ausgeschieden oder geändert. Hier wird besonders betont, dass jedes Gefühl nur insofern für ein frommes gelten kann, als in ihm der Mensch von dem Ganzen berührt wird, von Gott, „in welchem allein ja auch das Besondere Ein und All ist." „Wie könnte also jemand sagen, ich habe Euch eine Religion geschildert ohne Gott, da ich ja nichts anderes dargestellt, als eben das unmittelbare Sein Gottes in und durch das Gefühl. Oder ist nicht Gott die einzige und höchste Einheit? ist es nicht Gott allein, vor dem und in dem alles Einzelne verschwindet?"[3]

Hier liegt bereits diejenige Fassung vor, die er in seinen wissenschaftlichen Arbeiten allein verteidigt hat. Das ist der Gottesbegriff, wie er in der Ethik, Psychologie und Dialektik dargelegt wird, wie er in der Glaubenslehre wenigstens als das eigentliche Fundament zu Grunde liegt.

Das religiöse Gefühl ist das Gefühl oder das unmittelbare Bewusstsein von der transscendenten Einheit alles Daseins. Daher ist, wie die Psychologie ausführt, die Vorbedingung für das religiöse Bewusstsein die Entwicklung des Natur- und des geselligen Gefühls.

Die Dialektik unternimmt den Nachweis, dass

---

[1] ed. Pünjer p. 121 (1. Aufl. 124).
[2] ed. P. p. 127 (1. Aufl. 128).
[3] ed. Pünjer p. 122.

Denken und Sein keine absoluten Gegensätze sind. Wie im Leben des Einzelnen das Organische und das Intellektuelle nicht im scharfen Gegensatz zu einander stehen, vielmehr nur am Anfangs- und Endpunkt ein und derselben Linie liegen, so sind im Ganzen das Ideale und das Reale, der Geist und die Materie keine absoluten Gegensätze. Vielmehr kann eigentlich immer nur vom Ueberwiegen des einen oder anderen Faktors die Rede sein; es ist ein allmähliches Anschwellen und Ueberhandnehmen des Idealen, ein allmähliches Abnehmen des Realen. Und nun ist die höchste Einheit dieser Gegensätze, die Idee des Seins an sich unter zwei entgegengesetzten und sich auf einander beziehenden Formen und modis, das Transscendente, die „Gottheit".[1] An diesen transscendenten Grund aber reicht das Denken nicht heran.[2]. Dagegen soll dieses Transscendente nun im unmittelbaren religiösen Bewusstsein erlebt werden. „Das Sein der Ideen in uns ist ein Sein Gottes in uns, nicht inwiefern sie als besondere Vorstellungen einen Moment im Bewusstsein erfüllen, sondern inwiefern sie in uns allen auf gleiche Weise das Wesen des Seins ausdrücken und in ihrer Gewissheit die Identität des Idealen und Realen aussprechen".[3] „Dass ein Gleichsetzen mit dem Sein an sich zum Menschen gehört, ist klar, weil sonst das Sein nicht ganz Bewusstsein würde. Nun aber inhäriert dem Sein an sich keine Affektion als die des gänzlichen Bedingtseins, mithin ist auch diese Repräsentation im Selbstbewusstsein nur zu unterscheiden durch ein solches Bewusstsein; sowie wiederum, sofern wir uns auch unser selbst nur als schlechthin abhängig bewusst sind, sind wir uns auch unser als Sein schlechthin bewusst."[4] Es wird klar, dass was hier gesagt ist, ebendies auch in der Glaubenslehre, ja schon in der zweiten Auflage der Reden gemeint

---

[1]) Dialekt. p. 77. 150.
[2]) Dialekt. p. 78: „denn wir können sie weder denken, noch wahrnehmen, am allerwenigsten anschauen", Man sieht deutlich, weshalb in den späteren Auflagen der Reden „das Anschauen" zurücktreten musste.
[3]) Dialekt, p. 154.
[4]) Psychologie, Beilage C. p. 547.

ist. Soll also auch das Recht der religiösen Erfahrung und des religiösen Gottesglaubens (denn jetzt ist ein solcher da) durch wissenschaftliche Analyse des Bewusstseins zur Geltung gebracht werden, thatsächlich ist doch für diese Analyse das Resultat durch metaphysische Spekulation im voraus bestimmt. Daraus aber folgt auch, dass die psychologische Erwägung das Ziel, das sie erlangt zu haben meint, nicht wirklich erreicht hat. Denn wer erlebt denn im unmittelbaren Gefühl die Einheit aller Gegensätze, die Gleichheit des Physischen und Geistigen?

Auf eins möchten wir hier noch aufmerksam machen. Unsere ganze Erörterung drehte sich darum, dass in bestimmten Bewusstseinsinhalten, bestimmten Erlebnissen, der Erkenntnisgrund gegeben sei für die Berechtigung des religiösen Glaubens und zwar für den Einzelnen wie für die wissenschaftliche Reflexion. Damit ist nun zwar noch nichts direkt gesagt, aber doch eine Andeutung gemacht über die Art, wie wir uns das Zustandekommen des religiösen Glaubens überhaupt denken. Wir meinen nämlich keineswegs, dass in jenen Wertgefühlen, von denen wir redeten, die Gottheit unmittelbar zum Bewusstsein käme, vielmehr werden Thätigkeiten des Denkens vermittelnd dazwischen treten. Dagegen liegt, was wir eben andeuteten, bei Schleiermacher thatsächlich vor. Wohl gesteht er, dass das Gottesbewusstsein die ursprünglichste Reflexion über das schlechthinige Abhängigkeitsgefühl sei,[1] aber diese Reflexion wird doch eine derartig „ursprüngliche", dass sie so gut wie ganz wegfällt. „Sich schlechthin abhängig fühlen und sich seiner selbst als in Beziehung mit Gott bewusst sein, ist einerlei." „Das unmittelbare innere Aussprechen des schlechthinigen Abhängigkeitsgefühls ist das Gottesbewusstsein."[2] „Es ist allerdings das Ein und das Alles in der Religion, alles im Gefühl uns Bewegende in seiner höchsten Einheit als Eins und dasselbe zu fühlen und alles Einzelne und Besondere nur hierdurch vermittelt, also unser Sein

---

[1]) Der christl. Glaube § 4₁: 5. Aufl. p. 21.
[2]) ebenda § 4 Zusatz; 5. Aufl. p. 31.

als ein Sein in Gott."¹ So „können wir sagen, dass mit unserem Bewusstsein uns auch das Gottes gegeben ist als Bestandteil unseres Selbstbewusstseins sowohl als unseres äusseren Bewusstseins."² Denkt man bei diesen nur beispielsweise angeführten Sätzen an Schleiermachers spekulativen Gottesbegriff – höchste Einheit, Identität von Denken und Sein — so sind dieselben ja allerdings zutreffend, aber eben deshalb werden wir auch urteilen dürfen, dass Schleiermacher nicht sowohl infolge einer falschen psychologischen Analyse zu jenem Gottesbegriff angeleitet wurde, als dass ihn vielmehr jene spekulative Idee gehindert hat, eine völlig unbefangene Analyse vorzunehmen. Und dies Urteil wird durch die erste Auflage der Reden bestätigt, da hier, wie wir gesehen haben, diese Analyse in der That noch um einen Moment unbefangener war: hier aber lag auch jener (spekulative) Gottesbegriff noch nicht so klar zu Tage.

Rauwenhoff, dem wir, wie gesagt, in vieler Hinsicht sehr nahe kommen, unterscheidet sich doch in seinen Resultaten charakteristisch von unserer Darlegung. Wollen wir sein Verfahren kurz kennzeichnen, so können wir es dem unsrigen gegenüber wohl als einen Umweg bezeichnen. Rauwenhoff nämlich will zunächst nur die Notwendigkeit der Annahme einer sittlich teleologischen Weltordnung erweisen.

Die Anerkennung einer höheren Macht, einer Gottheit, kann dann wohl als zulässig behauptet, doch nicht wirklich erwiesen werden; vielmehr bleibt letztere im Grunde das Erzeugnis der dichtenden Phantasie.³ Bleibt er so zurück hinter dem, was wir erreicht zu haben glauben, so meinen wir andrerseits, dass er rechtsmässiger Weise auf seinem Wege nicht einmal zu dem, was er im Auge hat, gelangen könne. — Prüfen wir seinen Beweisapparat genauer. Er lehnt sich an die von Kant aufgestellte Lehre vom Postulat an. Doch ändert er dieselbe dahin um, dass er nicht von einem

---

[1] Reden, 2. Aufl. ed. Pünjer p. 60.
[2] Dialektik p. 152.
[3] Religionsphilosophie, ed. Hanne p. 250 ff. 427 ff.

Postulat der praktischen Vernunft, sondern einem solchen der theoretischen Vernunft in ihrem Erkennen der praktischen geredet wissen will.[1] Dies Postulat soll nun in einem synthetischen Urteil bestehen, das als notwendig anzunehmen sei, um ein bestehendes Faktum — nicht zu erklären, denn das wäre nur eine Hypothese - nein, sondern nur, um es überhaupt als bestehend anerkennen zu können. Bei der Hypothese also wird immer etwas als Ursache gesucht, das Postulat dagegen wird nie zur Erklärung dessen, wodurch es postuliert wird, herbeigezogen.[2] Nun soll also das Postulat des unbedingten Pflichtbewusstseins eine sittliche, d. h. teleologische Weltordnung sein. Denn, erkenne ich das Pflichtbewusstsein als ein objektives Gesetz der Menschheit an, dann muss ich auch an eine solche Beschaffenheit der Welt glauben, dass dies Gesetz darin herrschen kann.[3] Und dies soll dann in sich schliessen, dass die Beschaffenheit der Welt nach Massgabe der teleologischen Weltanschauung zu denken sei.[4] — Nun brauchen wir nach dem Vorhergehenden wohl nicht erst zu sagen, dass dies ganz unserer persönlichen Ansicht entspricht; aber die Frage ist, liegt hier wirklich ein zwingender Erkenntnisgrund vor? Nach unserer Meinung ist das nicht der Fall, und wir glauben den Knotenpunkt des ganzen Truggespinnstes in der Zweideutigkeit des Wortes „herrschen" zu entdecken. Wir brauchen das Wort „herrschen" ausser in dem eigentlichen, prägnanten Sinne = Herrschaft führen, auch in dem abgeblassten = dasein.

Was postuliert nun das Sittengesetz thatsächlich? Eine solche Weltordnung, in der es -- dasein, existieren kann. Muss es wirklich in derselben im strengen Sinne des Wortes herrschen? Das ist und bleibt eine unbewiesene Voraussetzung. Angenommen, es gäbe keine teleologische Weltordnung, — das Sittengesetz bliebe trotzdem ein Faktum.

---

[1]) a. a. O, p. 223.
[2]) a. a. O. p. 229.
[3]) a. a. O. p. 236.
[4]) a. a. O. p. 237 ff.

Besonders interessant ist es uns aber, dass Rauwenhoff unsere eigene Ansicht „dass nämlich objektive Rechtfertigung des Glaubens in dem Sinne von Vergewisserung über das objektive Dasein des Gegenstandes des Glaubens in dem absolut Verpflichtenden der sittlichen Forderung zu finden sei" angreift und zurückzuweisen sucht.[1] Er thut dies durch die Frage: „liegt in diesem Faktum, ohne dass ihm etwas anderes von aussen her hinzugefügt wird, der Grund für die Anerkennung einer heiligen Allmacht?" und fährt dann fort: „Stellen wir auch das unbedingte Pflichtbewusstsein in das Licht der allgemeinen Auffassung einer organischen Entwicklung, ... so erhalten wir dadurch wohl die Vorstellung einer im Ganzen der Dinge vorhandenen Potenz oder Macht, ... aber das ist etwas anderes ... als was (von Hugenholtz) gemeint wurde mit einer heiligen Allmacht. Man fühlt das gleich, wenn man nur beachtet, dass die erste Vorstellung auf einem logischen Urteil beruht, die andere auf einem Werturteil." Also: auf einem logischen Urteil müsste beruhen, was Anspruch auf Anerkennung haben will. Es ist gerade der Hauptpunkt unserer ganzen Methode, in dem wir von Rauwenhoff abweichen. Ganz klar tritt letzteres in Rauwenhoffs eigenen methodologischen Erörterungen heraus. Er vertritt zunächst das Recht einer selbständigen Philosophie gegenüber allen besonderen Wissenschaften, indem er sich dafür auf alle grossen Systeme von Plato bis auf unsere Zeit beruft.[2] Die Wissenschaft aber geht nach ihm aus von gut konstatierten Fakten ... und trachtet so zur Entdeckung der Gesetze, die in der Natur herrschen, zu gelangen. „Sei es, dass dies ... auf das sinnlich Wahrnehmbare oder auf das Geistesleben angewendet werde, das macht keinen Unterschied betreffs der Methode." Wir aber hatten gemeint, dass das allerdings einen grossen Unterschied mache. — „Der Inhalt alles Wissens ist nichts anderes als: wie die als wirklich vorausgesetzte Welt sich in unserem Bewusstsein darstellt."

Wir aber hatten uns denen angeschlossen, die sagen, dass es vielmehr Bewusstseinsinhalte giebt, die unmittelbar da sind, die daher allein zu konstatieren und zu analysieren sind, und die das Allergewisseste ausmachen, was überhaupt für Menschen zu erlangen ist.[1]

[1] vgl. Dilthey, Einleitung in die Geisteswissenschaften p. 502.

Thesen.

1. Die erkenntnistheoretische Lehre von der Zeit ist mit derjenigen vom Raum nicht parallel zu behandeln.
2. Eine vollständige „Tafel" der Kategorieen aufzustellen, ist nicht möglich.
3. Gegenüber der Interpretation Kant's durch die Neukantianer ist daran festzuhalten, dass der von Kant in der Kritik der praktischen Vernnunft gegebene moralische Beweis für das Dasein Gottes von seinen Ausführungen über dasselbe Thema in der Kritik der reinen Vernunft und in der Kritik der Urteilsäraft fundamental verschieden ist.
4. Von den gnostischen Systemen hat auf die Entwicklung des europäischen Bewusstseins nur das valentinianische Einfluss gehabt.
5. Gegenüber neuesten Einwendungen ist daran festzuhalten, dass die altchristlichen Tauf-termini $\sigma\varphi\varrho\alpha\gamma\iota\varsigma$ und $\varphi\omega\tau\iota\sigma\mu\acute{o}\varsigma$ auf die Mysterien-Terminologie zurückweisen.
6. Die Lesart $\mu o\nu o\gamma\varepsilon\nu\acute{\eta}\varsigma$ $\vartheta\varepsilon\acute{o}\varsigma$ Joh. I. 18 weist auf orphische Theologie zurück.

Vita.

Natus sum Georgius Wobbermin a. d. VI. Kal. Nov. a. h. s. LXIX Sedini patre Alberto, matre Laura e gente Quandt, quos adhuc vivos pio gratoque animo colo. Fidei addictus sum evangelicae.

Litterarum primordiis imbutus primo scholam, in qua realia docentur, tum vero gymnasium S$_t$. Mariae patria in urbe adii. Testimonium maturitatis adeptus et autumno anni LXXXVIII civibus universitatis Halensis legitime adscriptus per biennium Halis Saxonum studiis theologicis et philosophicis me dedi. Tum Berolinum me contuli, ubi per ter sex menses iisdem studiis operam navavi. Vere anni LXXXXIV iterum ad almam matrem Berolinensem accessi, ut studiis philosophicis et historicis operam darem.

Scholas audivi virorum clarissimorum:
1. Beyschlag, Benno Erdmann, Gunkel, Haym, Haupt, Hiller, Kautzsch, Kähler, A. Kirchhoff, Loofs, A. Müller, Rothstein, Uphues, Vaihinger Halensium:
2. Dillmann, Dilthey, v. d. Goltz, Harnack, Kaftan, Kleinert, Scheffer-Boichorst, Simmel, v. Soden, Strack, Weiss Berolinensium.

Seminariis theologicis intereram cum aliis tum Berolini ecclesiastico-historico, cuius ad exercitationes Adolfus Harnack benigne mihi aditum concessit.

Viris doctissimis, quorum scholas audivi, omnibus gratiam debitam habeo semperque habebo. Praeter ceteros vero theologorum Adolfo Harnack et Julio Kaftan, philosophorum Guilelmo Dilthey, viris doctissimis et humanissimis, qui in studiis meis summa me adiuverunt benevolentia et benignitate, gratias ago quam maximas.